I0035433

FACULTÉ DE DROIT DE PARIS.

THÈSE

POUR LE DOCTORAT.

FACULTÉ DE DROIT DE PARIS.

THÈSE
POUR LE DOCTORAT.

L'acte public sur les matières ci-après sera présenté et soutenu le mercredi 17 avril 1861, à une heure,

PAR

Michel-Albert DESJARDINS,

Licencié ès-lettres et en droit,
Né à Beauvais.

Président : M. Frédéric DURANTON, *Professeur.*

Suffragants :
{ MM. Pellat, doyen de la Faculté,
Oudot,
Bonnier,
Demangeat, } *Professeurs.*

Suppléant.

Le Candidat répondra en outre aux questions qui lui seront faites sur les autres matières de l'enseignement.

1861

C.

A MON PÈRE, A MA MÈRE.

DROIT ROMAIN.

De actionibus empti et venditi.

(Dig. liv. XIX, tit. 1.)

Le contrat synallagmatique d'*achat et vente* (*emptio-venditio*) donne naissance à deux actions, l'action *empti* ou *ex empto*, l'action *venditi* ou *ex vendito*. La première appartient à l'acheteur (1), la seconde au vendeur (2). C'est à ces deux actions qu'est consacré le titre 1 du livre XIX du Digeste.

On se sert indifféremment des expressions *empti* et *ex empto*. La première indique une action relative à ce qui a été acheté, la seconde une action naissant de ce qui a été acheté. Il en est de même des expressions *venditi* et *ex vendito*.

Les jurisconsultes et les empereurs se sont servis quelquefois des mots *empti* pour désigner l'action du vendeur, *venditi* pour désigner celle de l'acheteur. Faut-il en conclure

(1) L. 11. — h. t. — pp.
(2) L. 13, p. 19, h. t.

que les expressions *empti* et *venditi*, *emptio* et *venditio* se soient prises l'une pour l'autre? Gaius, dans la loi 19 de notre titre, dit : « *Veteres in emptione venditioneque appellationibus promiscuè utebantur*, » et il ajoute dans la loi 20 : « *Idem est et in locatione et conductione.* » Selon lui, les anciens auraient dit *emptio* pour *venditio*, *locatio* pour *conductio*, et après avoir créé deux expressions différentes pour désigner bien nettement le rôle de chaque partie dans deux contrats synallagmatiques, ils les auraient confondues sans raison.

Cujas explique judicieusement le texte de Gaius, en y apportant une légère correction. Il lit dans la loi 20 : *Id est* et non *idem est*. La phrase de Gaius ainsi modifiée signifie que les anciens se servaient des mots *emptio* et *venditio*, pour désigner *locatio* et *conductio*, le louage étant considéré comme une vente de fruits. Pour justifier son opinion, Cujas montre que les deux lois sont tirées du livre où Gaius traitait des publicains, que l'on nommait *emptores* ou *redemptores publici*, et il cite différents passages d'auteurs latins, où le verbe *emere* et les mots qui en sont dérivés signifient *conducere*.

On trouve souvent les expressions *ex empto*, *ex vendito* prises l'une pour l'autre. Cujas suppose que l'expression propre était pour l'action de l'acheteur *ex empto vendito*, comme le nom du contrat était *emptio venditio*. Les jurisconsultes pouvaient, par inadvertance, supprimer la première des deux expressions, sans songer que c'était la plus nécessaire.

Il faut que le contrat de vente soit formé pour engendrer les deux actions. Il ne peut y avoir de vente si les parties ne fixent aucun prix en argent, si, par exemple, elles conviennent seulement que celle qui joue le rôle d'acheteur reconstruira la maison de l'autre (1); elles n'ont, l'une et l'autre, pour se forcer mutuellement à exécuter la convention qu'une action *præscriptis verbis*.

La vente est nulle quand elle a pour objet une chose qui

(1) L. 6, §. 1. Vers. : *si autem.* — h. t.

n'est pas dans le commerce, non quand il est seulement difficile au vendeur de se procurer cette chose et de la remettre à l'acheteur : on peut vendre un esclave qui est au pouvoir de l'ennemi (1) : le contrat donnera naissance aux actions *empti* et *venditi*.

Il est possible que la vente soit nulle et que celui qui voulait être acheteur ait l'action *ex empti*. C'est ce que dit la loi 21, §. 2, si l'on restitue la négation avant le mot *emptionem*, comme l'exigent et le mouvement de la phrase et les principes les plus incontestables du droit. L'erreur sur la matière vicie la vente. L'acheteur n'en peut pas moins agir contre le vendeur, que celui-ci ait partagé son erreur ou en ait volontairement profité, (Cf. — L. 21, pp.)

Le contrat de vente ne produit pas toujours et nécessairement deux actions. « Quand on achète d'un pupille non autorisé, le contrat ne se forme que d'un côté, celui qui achète s'oblige envers le pupille, mais il ne l'oblige pas envers lui » (2).

On peut, par l'intermédiaire d'un procureur, acquérir les actions et contracter les obligations qui naissent de la vente. Le maître qui a vendu par procureur sera poursuivi, suivant l'exemple de l'action institoire, par une action utile *ex empto* (3) ; cette même action sera donnée à celui qui achète par procureur.

J'étudie d'abord l'action *empti*, puis l'action *venditi*.

CHAPITRE Ier.

De l'action *Empti*.

J'examinerai tour à tour à qui et contre qui cette action est accordée, dans quels cas, à quelles conditions elle peut être exercée, ce que peut obtenir la personne qui l'exerce.

(1) L. 55, h. t.
(2) L. 13, §. 29, h. t.
(3) L. 13, §. 25.

Section Ire.

A qui et contre qui est accordée l'action *empti*.

§. I. A qui elle est donnée?

Elle est donnée à celui qui achète. L'acheteur a beau payer des deniers d'autrui, c'est à lui-même qu'il acquiert l'action, comme c'est à lui-même qu'il acquerra la propriété quand la chose lui sera livrée (1). Les actions qui naissent d'un contrat ne peuvent appartenir qu'aux personnes dont le consentement a formé ce contrat. Aussi, en principe, quand une personne a contracté par l'intermédiaire d'un mandataire *sui juris*, comme c'est le consentement de ce dernier qui a été nécessaire, c'est lui qui a l'action (2). Cependant nous avons vu que le mandant avait obtenu une action utile.

Nous acquérons l'action *ex empto* par l'intermédiaire de tous ceux qui peuvent nous faire avoir une créance, d'un fils de famille, d'un esclave. Mais il faut que le prix soit payé à un moment où ils sont encore sous notre puissance. Un esclave sur qui j'avais un droit d'usufruit achète un fonds, je subis une *minima capitis deminutio*, et par conséquent mon usufruit s'éteint; c'est en vain que je paie ensuite le prix : je n'acquiers point l'action *ex empto* ; j'aurai seulement la *condictio indebiti* contre le vendeur (3).

§. 2. Contre qui est donnée l'action *empti?*

Elle est donnée contre le vendeur.

Il faut distinguer, selon Pothier, entre celui qui vend et celui qui consent à la vente (4). Le premier s'engage à faire

(1) L. 8 , c., *si quis alteri.*
(2) L. 7, *ibid.*
(3) L. 24, pp. h. t.
(4) L. 160, *de Reg. juris.*

avoir la chose à l'acheteur, le second s'oblige seulement à ne pas la demander; l'un et l'autre ne sont pas tenus de la même action.

Il n'y a pas à distinguer pour quelle raison le vendeur contracte. Un testateur ordonne à son héritier de vendre un objet à un tiers; celui-ci peut agir, soit *ex testamento*, soit *ex empto*. Si le testament était nul, le contrat de vente perdrait sa force (1).

Quand une personne vend une chose, comme représentant celui à qui elle appartient, c'est contre elle et non contre celui dont elle a vendu la chose qu'est donnée l'action *empti*. Par exemple un tuteur a vendu la chose de son pupille et a commis un dol; il en est tenu *ex empto* (2).

Dans les ventes faites par l'autorité du magistrat, on peut balancer à donner l'action *empti* contre celui auquel appartenaient les objets vendus. La loi 13 au Code, *de Evictionibus*, suppose un gage pris *ob causam judicati* et mis en vente. Qui sera responsable? Le magistrat qui a donné l'ordre de vendre, les officiers qui ont vendu, le créancier qui a sollicité la vente, ou le débiteur, propriétaire de la chose? C'est ce dernier qui sera tenu, c'est à lui que profite la vente, puisque le prix sert à payer ses dettes : c'est en son nom que le magistrat, les officiers, les créanciers agissent pour arriver à la vente.

Tous ceux qui peuvent contracter une obligation en général peuvent aussi s'engager par la vente. L'action *ex empto* est donnée contre le fils de famille aussi bien que contre le père de famille (3). Quand c'est un esclave qui est vendeur, le fidéjusseur qu'il donne est obligé comme celui que donnerait un homme libre; seulement le maître de l'esclave, conformément aux principes généraux, n'est point tenu au-delà du pécule de celui-ci (4).

(1) L. 5, pp. et §. 1, h. t.
(2) L. 13, §. 7, h. t.
(3) L. 6, §. 7, h. t.
(4) L. 24, §. 2, h. t.

Section II.

Dans quels cas l'action *Empti* peut-elle être exercée ?

Le vendeur contracte envers l'acheteur certaines obligations; c'est quand il ne les remplit pas que l'acheteur peut le poursuivre par l'action qui lui appartient.

Ces obligations sont de deux genres différents. Les unes sont naturelles à la vente, et le vendeur y est astreint, même s'il n'en a pas été fait mention au moment où le contrat s'est formé (1). Les autres sont particulières à tel ou tel contrat déterminé, imposées par l'acheteur, acceptées par le vendeur. Un exemple des premières est l'obligation de livrer à l'acheteur la chose vendue; un exemple des secondes est l'obligation de fournir une quantité déterminée par la loi du contrat. Toutes les obligations du vendeur, à quelque classe qu'elles appartiennent, sont également garanties, comme nous le verrons, par l'action *ex empto*. Nous étudierons d'abord les obligations du vendeur naturelles à la vente, puis celles qui sont spéciales à chaque contrat de vente.

Art. 1. Obligations du vendeur naturelles à la vente.

Ces obligations sont au nombre de cinq : 1° livrer la chose à l'acheteur; — 2° garantir l'acheteur soit contre les troubles ou évictions venant d'un tiers, soit contre les vices rédhibitoires; — 3° être exempt de tout dol, faire ce que la bonne foi exige; — 4° fournir à l'acheteur les fruits produits depuis la vente ; — 5° faire certaines promesses.

§. 1. Obligation de livrer la chose à l'acheteur.

Le vendeur ne s'oblige qu'à livrer la chose à l'acheteur, non à l'en rendre propriétaire. Les Romains connaissaient

(1) L. 11 , §. 1. h. t.

une autre convention qui avait pour effet d'astreindre le promettant à transférer la propriété d'une chose; c'était la *stipulatio dandi*, dont il est parlé L. 75, *de verborum obligationibus*.

Que devait livrer le vendeur? Comment devait-il livrer? Telles sont les deux questions que nous étudierons dans ce paragraphe.

I. Le vendeur devait livrer la chose vendue tout entière.

Nous verrons plus loin, en parlant des obligations spéciales à chaque contrat, qu'il pouvait s'engager à fournir certaines choses accessoirement à la chose principale, et que l'acheteur avait l'action *ex empto*, aussi bien pour réclamer les premières que pour se faire livrer la seconde. Il ne s'agit pas ici de ces choses accessoires qui ne peuvent être dues qu'en vertu d'une convention spéciale; il en est d'autres qui font partie intégrante de la chose même qui est vendue, qui, par conséquent, sont vendues avec elle, et qu'au premier abord on serait tenté de considérer comme ayant une existence juridique propre et indépendante, parce qu'il n'y a pas de lien physique entre elles et la chose principale, ou parce que le lien physique qui les rattache à celle-ci peut être brisé sans peine. Il y a une nuance difficile à saisir; il est presque impossible de poser une règle absolue; aussi les jurisconsultes ont-ils multiplié les décisions de détail; nous les passerons rapidement en revue.

La question se présente, le plus souvent, pour une maison, pour un fonds de terre, pour un bois taillis, pour un esclave, pour un vaisseau.

1. *Maison.* — Labéon décide en termes généraux *ea quæ perpetui usus causa in ædificiis sunt, ædificii esse, quæ vero ad præsens, non esse ædificii* (1). Des tuyaux, placés pour un certain temps, ne font point partie de la maison et ne sont point compris dans la vente; des tuyaux posés à perpétuelle demeure suivent la maison vendue. Ils seront considérés comme posés à perpétuelle demeure, quand ils

(1) L. 7, §. 7, h. t.

seront conduits sous la terre pour amener l'eau dans un *aenum* (chaudière pour le bain) construit en briques (1). Seront également compris dans la vente le *puteal*, qui recouvre le puits, les réservoirs, les pompes, etc. (2).

Ces différents objets sont regardés comme faisant partie d'une maison, à quelque distance qu'ils en soient placés, « *quamvis longe excurrant extra ædificium*, » dit Ulpien (3).

Les objets d'art peuvent être dans une habitation à perpétuelle demeure, par exemple, des colonnes, des statues de la bouche desquelles s'échappent des fontaines (4), des tableaux recouvrant des murailles (5).

Selon la différente destination des divers bâtiments, on estime que telle chose, accessoire de l'un, fait partie intégrante de l'autre. Les tonnes sont comprises dans la vente d'un grenier (6).

Exiger que les objets soient placés à perpétuelle demeure dans une maison, ce n'est pas exiger qu'ils y restent continuellement, s'ils peuvent être enlevés et replacés. C'est ce que décide Labéon pour ces parquets d'hiver qu'on enlevait pendant l'été (7).

Il ne suffit pas qu'un objet doive être un jour partie d'une maison pour qu'il soit compris dans la vente qui en est faite. « *Item quod insulæ causa paratum est, si nondum perfectum est, quamvis positum in ædificio sit, non tamen videtur ædium esse.* » (8). Mais, si les tuiles ont été détachées du toit de cet édifice pour y être replacées ensuite, « *ædibus accedunt.* » (9)

Il n'est pas nécessaire qu'il y ait un lien physique entre la chose principale et celles qui se confondent avec elle aux

(1) L. 38, §. 2, h. t.
(2) L. 13, §. 31. et l. 7, §. 8, h. t.
(3) L. 15, h. t.
(4) L. 17, §. 9, h. t.
(5) L. 17, §. 3, h. t.
(6) L. 76 *de contrahenda emptione.*
(7) L. 242, §. 4, *de verb. significatione.*
(8) L. 17, §. 5, h. t.
(9) L. 18, §. 1, h. t.

yeux de la loi. C'est une partie essentielle d'une maison que les clefs, les barrières, etc. (1).

Il n'est pas même nécessaire qu'une chose ait une existence physique pour être considérée comme faisant partie d'une maison, qui est cependant un être physique. L'acheteur, même s'il n'en est rien dit dans la convention, exerce les servitudes attachées à la maison (2).

On nomme *ruta-cæsa* les objets qui ne sont pas compris dans la maison, « ce qui ne tient point à latte, ni à clou, ni à cheville, » dit Cujas.

Tout ce qui est destiné à garnir, à orner la maison plutôt qu'à la compléter, reste en dehors de la vente (3).

2. *Fonds de terre.* — Les poissons qui sont dans un réservoir, les animaux qui vivent dans une basse-cour, ne font point partie du fonds (4). Il n'en est pas de même des poissons placés dans un étang pour s'y multiplier.

Tout ce qui est attaché à la terre n'est point nécessairement compris dans la vente du fonds. Ulpien nous dit que les pressoirs, les tonneaux restent en dehors (5). Pomponius donne une décision différente pour le cas où il s'agit du legs et non plus de la vente d'un fonds de terre (6). Cujas suppose que le premier de ces deux jurisconsultes a voulu parler de tonneaux et de pressoirs qui s'enlèvent sans peine, tandis que le second aurait pensé à de véritables bâtiments.

L'acheteur a droit au chaume et au fumier, non au bois (7).

On nomme aussi *ruta-cæsa* les objets qui demeurent en dehors de la vente d'un fonds; c'est même à ces objets que s'appliquent proprement ce mot. *Ruta*, pour *eruta*, désigne

---

(1) L. 17, pp. h. t.
(2) L. 47-49, *de Contrahenda Emptione*.
(3) L. 17, §. 4, h. t.
(4) L. 15 in fin et L. 16 h. t.
(5) L. 17, pp. h. t.
(6) L. 21, *de Instructo vel instrumento*.
(7) L. 17, §. 2, h. t.

ce qu'on extrait de la terre, le sable, la craie, etc.; *cæsa*, ce qui est coupé, les arbres, etc. (1).

Les fruits ne sont pas considérés comme faisant partie du fonds qui les a produits (2).

3. *Bois taillis*. — Les gland qui tombent avant que les arbres ne soient abattus, ont pour le vendeur; ceux qui sont restés sur les arbres abattus sont pour l'acheteur (3).

4. *Esclave*. — La vente d'un esclave ne comprend pas celle de son pécule (4).

5. *Vaisseau*. — Les mâts, les voiles, les antennes, le gouvernail, voilà les parties d'un vaisseau. Mais la chaloupe est elle-même un petit vaisseau, distinct et indépendant de celui qu'il est destiné à suivre (5).

II. Le vendeur doit livrer à l'acheteur *possessionem vacuam rei*, la possession *entière* et *paisible*.

1. Il doit lui transmettre tous ses droits (6).

2. Pour posséder paisiblement, il faut avoir l'avantage dans les procès où s'agite la question de la possession. Nératius et Julien, de sectes différentes, s'accordent sur ce point (7). La tradition n'est pas considérée comme accomplie, « *si superior in possessione emptor futurus non sit.* »

3. La tradition n'a pas lieu, si une autre personne est envoyée en possession de la chose vendue, soit *legatorum* ou *fidéicommissorum servandorum causa*, soit *ventris nomine*, ou si les créanciers possèdent les biens de leur débiteur et que la chose vendue se trouve parmi ces biens (8).

4. Si la chose vendue est engagée, le vendeur, ou, dans l'espèce prévue par Scævola, l'héritier du vendeur doit *luere*, c'est-à-dire, dégager cette chose, avant de la livrer à

(1) L. 17, §. 6, h. t.
(2) L. 17, §. 1, h. t.
(3) L. 80, §. 2, *de Contrahenda emptione*.
(4) L. 29-31, *de Contrahenda emptione*.
(5) L. 44, *de Evict*.
(6) L. 13, §. 12, h. t.
(7) L. 11, §. 13, h. t.
(8) L. 2, §. 1, h. t.

l'acheteur, ou, dans l'espèce, à un mari qui l'a reçue en dot avec estimation (1).

Mais quand l'objet de la vente est un fonds de terre grevé de servitudes, il n'est pas nécessaire de l'en dégrever : le vendeur peut le livrer tel qu'il est. Il en est de même des *prædia urbana* (2).

Le vendeur peut réserver les droits des locataires, de ceux qui habitent la maison qu'il vend, mais il faut qu'il le fasse en termes formels. Une réserve générale suffit, selon Labéon, pour protéger même ceux à qui l'habitation est accordée gratuitement. Paul, au contraire, pense qu'il la faut restreindre à ceux qui paient un loyer (3).

L'objet de la vente n'est pas toujours susceptible de tradition ni de possession. Le vendeur ne peut livrer, l'acheteur ne peut posséder une servitude, « *iter, actum, viam, aquæ-ductum.* » On se contente de faire promettre au vendeur « *per se non fieri quominus utatur emptor* (4). » La *patientia* des vendeurs suffit même, sans promesse, pour assurer à l'acheteur la protection du préteur (5. En un certain sens, les servitudes, les droits incorporels peuvent donc être l'objet, non-seulement d'une vente, mais encore d'une tradition, et il ne faut pas s'étonner que les jurisconsultes se soient servis du mot même de tradition, en parlant de l'acquisition de ces droits (6).

Pour posséder paisiblement, il faut savoir quel droit on a. J'ai acheté « *quidquid Sempronii juris fuit.* » Le vendeur doit me montrer ses titres pour me faire connaître l'étendue du fonds Sempronien (7). Il n'est pas tenu de me nommer mes voisins (8), excepté s'il en est un que je

---

(1) L. 52, §. 1.

(2) L. 59, *de Contr. empt.*

(3) L. 53, §. 2, h. t.

(4) L. 32, §. 2, h. t.

(5) L. 11, §. 1, *de Public. in rem act. ;* l. 1, §. 2, *de Serv. præd. rust.*

(6) Cf. l. 25, h. t.

(7) L. 48, h. t.

(8) L. 63, §. 1, *de contr. empt.*

craigne de voir près de moi, et contre lequel mon aversion soit assez forte pour m'empêcher d'acheter un fonds de terre attenant au sien (1).

La loi 13, §. 21, dit que nous devons considérer la tradition comme accomplie, même quand la possession est simplement précaire : car la seule chose que nous ayons à examiner, c'est si l'acheteur a la faculté de percevoir les fruits. Il ne faut pas donner à ce texte un sens général qu'il n'a pas. Il s'agit seulement, dans le §. 21, de savoir quand la tradition est considérée comme accomplie, de telle manière que le vendeur ait le droit de réclamer les intérêts du prix.

Il ne suffit pas que l'acheteur ait rempli une obligation incombant au propriétaire pour qu'il soit considéré comme ayant reçu la possession de la chose vendue. Le paiement des impôts n'équivaut pas à la tradition.

L'obligation de livrer la chose entraîne l'obligation de la garder jusqu'à la livraison. A défaut de convention, l'on exige du vendeur la diligence d'un bon père de famille (2). Paul lui demande même une diligence plus grande que celle qu'il apporte à ses propres affaires, et l'assimile au commodataire (3).

La loi 36 de notre titre nous fournit un exemple de la diligence requise du vendeur. Il doit, s'il y a lieu, se faire donner la *cautio damni infecti* (4).

La loi 54 pp. défend au vendeur de faire faire à l'esclave qu'il a vendu un exercice périlleux, même quand cet esclave en aurait eu l'habitude avant la vente. L'ordre qu'il lui donne d'aller rejoindre l'acheteur s'exécute aux risques et périls de celui-ci.

Dès que l'acheteur est en demeure, le vendeur cesse d'être tenu de sa faute; il n'est plus responsable que de son

(1) L. 35, §. 8, *ibid.*
(2) L. 35, §. 4, *de contr. empt.*
(3) L. 3, *de Peric. et com.*
(4) Cf. L. 18, §. 7-9, *de damno infecto.*

dol (1). Que si les deux parties sont en demeure, l'acheteur
seul est censé y être (2). Pomponius, moins dur pour lui,
pense que celle des deux parties dont la demeure est postérieure à celle de l'autre, en est seule responsable, le tout
sous la réserve du dol de l'une ou de l'autre (3).

L'obligation de livrer peut être modifiée ou éteinte par le
fait soit illégitime, soit légitime d'un tiers. 1. *Par un fait
illégitime :* le vendeur en est libéré quand la chose lui est
enlevée par force sans son fait ni sa faute, la diligence ne
pouvant rien contre la force; seulement il doit céder ses
actions à l'acheteur, qui les exerce pour son propre compte,
mais aussi à ses risques et périls. S'il ne peut lui rien
transmettre, parce que lui-même, n'étant pas propriétaire, n'a aucun titre pour agir, il pourra être poursuivi et
condamné (4).

2. *Par un fait légitime.* Je vous vends ma part indivise
dans un fonds de terre. Titius, qui en était copropriétaire
avec moi, agit en partage; trois hypothèses peuvent se présenter : *a.* Le fonds est adjugé à Titius; je vous devrai ce
que Titius me remettra. *b.* Le fonds m'est adjugé; je vous
le remettrai, et c'est vous qui serez chargé de désintéresser
Titius. Je serai tenu *ex empto* pour la part que je vous avais
vendue, et ne serai responsable que de mon dol pour celle
qui vous vient de Titius. *c.* Le fonds est partagé entre Titius
et moi; je devrai vous livrer la part divise qui m'est attribuée (5). Ce n'est pas cette part qui avait fait l'objet de la
vente; mais vous avez dû prévoir ce qui arriverait. Le droit
du mari, auquel est constituée une dot, celui de l'usufrui-
tier, celui du créancier hypothécaire ne peuvent se convertir
ainsi; ce sont des droits réels qui ne sauraient souffrir de
ce qui intervient entre des tiers.

Si c'était le vendeur qui eût formé la demande en par-

(1) L. 17, pp., *de contr. empt.*
(2) L. 51, pp., h. t.
(3) L. 51, §. 1, h. t.
(4) L. 31, pp., h. t., l. 35, §. 1, *de contr. empt.*, l. 31, pp., h. t.
(5) L. 13, §. 17, h. t.

tage, comme il se serait mis lui-même dans l'impossibilité de remplir son obligation, il serait tenu de désintéresser complètement l'acheteur.

§. 2. Obligation de garantir l'acheteur, soit contre les évictions venant d'un tiers, soit contre certains vices de la chose vendue.

I. Obligation de garantir l'acheteur contre les évictions venant d'un tiers.

Évincer, c'est enlever une chose à quelqu'un en vertu d'une sentence. On distingue plusieurs cas d'éviction : l'acheteur peut restituer la chose au revendiquant, il peut être condamné à lui en payer l'estimation, il peut lui-même succomber dans sa demande : « *Quum res restituta est petitori, vel damnatus est (emptor) litis æstimatione, vel possessor ab emptore conventus absolutus est* (1) ».

Le vendeur s'engage à faire avoir la chose à l'acheteur *habere licere* et par conséquent à ne pas souffrir qu'elle lui soit enlevée par sentence.

« Les Romains, dit M. Ortolan (2), avaient, dans leur vieille langue juridique, un mot particulier qui s'est conservé, celui d'*auctoritas* pour désigner la garantie, la sûreté contre l'éviction (L. 76, *de Evict*). *Auctoritatem præstare, auctor esse*, c'était fournir, devoir cette garantie : *Venditor, si ejus rei quam vendiderit dominus non sit, pretio accepto, auctoritati manebit obnoxius*, disent les Sentences de Paul (II, XVII, 1). Je crois même trouver en cela l'explication de ce vieux mot, qui remonte au temps des XII tables et dont le sens étymologique a été si tourmenté : *usus auctoritas* pour usucapion. Ce mot, en effet, ne signifie autre chose, si ce n'est l'*auctoritas* ou la garantie, la sécurité contre toute éviction que procure l'usage, la possession pendant le temps voulu. » Il ne faut donc pas dire, comme Donneau, que le mot *auctor* vient du mot *augere*, parce que le ven-

(1) L. 16 ff, *de Evict*.
(2) N. 1464.

deur augmente toujours le prix qui lui est offert par l'acheteur.

Le vendeur ne s'oblige pas seulement pour lui-même et ses héritiers, mais pour toute personne. S'il veut restreindre son obligation à son fait et à celui de ses successeurs, il doit en vendant déclarer expressément qu'il n'entend pas répondre du fait des tiers.

1. Il faut que l'éviction procède d'une cause antérieure à la vente : si elle vient d'une cause postérieure, le vendeur n'en est responsable que dans le cas où c'est lui-même qui cherche à évincer son acheteur. Cette responsabilité est fondée non plus sur ce qu'il est tenu de faire avoir la chose à l'acheteur, mais sur ce qu'il doit être exempt de dol.

2. Il faut que la cause d'éviction n'ait pas été exceptée (1).

3. Que la garantie n'ait pas été formellement exclue. Mais si les parties étaient seulement convenues qu'il ne serait rien dû du chef de l'éviction, le vendeur était tenu de rembourser le prix qu'il avait touché. Il fallait convenir expressément, et les parties en avaient la faculté, que ce prix même resterait entre les mains du vendeur.

Cette convention est sous-entendue dans les ventes aléatoires, comme celle d'un coup de filet ou d'une chasse. Ce qui est vendu, c'est l'espérance, c'est la chance (2).

4. Que l'éviction n'arrive point par le fait ou la faute de l'acheteur. Une esclave a été vendue sous la condition qu'elle ne serait point prostituée ; l'acheteur qui la prostitue et qui lui permet ainsi de réclamer la liberté, est considéré comme l'ayant affranchie et ne peut rien demander à son vendeur (3).

L'acheteur qui s'est laissé condamner faute d'opposer la publicienne, d'usucaper, de comparaître devant le juge, est également désarmé.

5. Que l'éviction ne soit pas prononcée parce que le juge

(1) L. 69, pp. de Evict.
(2) L. 11. §. 18, h. t.
(3) L. 31, de Evict.

est ignorant ou vendu (1), que la sentence ne soit pas prononcée par une injustice du juge, mais conformément au
droit (2).

L'obligation du vendeur est commise quand l'acheteur
subit l'éviction, comme procureur d'un tiers contre lequel
il ne peut recourir 3). Primus vend à Secundus qui vend à
Tertius. Le propriétaire revendique contre Tertius qui constitue procureur Secundus. Secundus est condamné. Il ne
peut agir *ex stipulatu*, car, à proprement parler, il n'est
pas évincé, mais il aura l'action *ex empto*.

L'éviction peut être totale ou partielle.

L'éviction partielle enlève tantôt une part indivise, tantôt une part divise.

Dans tous ces cas, l'acheteur a également l'action *ex
empto*, mais il n'obtient pas toujours la même chose.

L'éviction d'un objet déterminé compris dans une universalité de biens n'est point considérée comme une éviction partielle, et ne donne point lieu à l'action *ex empto*,
à moins qu'il n'en ait été fait une mention spéciale dans la
vente (4).

Au contraire, quand plusieurs objets singuliers sont vendus pour un seul prix, ils n'en sont pas moins considérés
comme faisant chacun l'objet d'une vente spéciale, et, par
conséquent, l'acheteur évincé de l'un d'eux a l'action *ex
empto* (5), mais pour celui-là seul. Il faut faire exception
pour le cas où ces différents objets, sans faire partie d'une
universalité, forment un ensemble et où ils sont vendus
pour un prix unique. Par exemple, une troupe de comé-
diens a été vendue *uno pretio*; il n'y a qu'une seule vente (6).
Telle est au moins la décision d'Africain. Cujas croit devoir l'étendre, et il admet que dans tous les cas où plu-

---

(1) L. 51, *id.*
(2) L. 15, c. *de Evict.*
(3) L. 66, §. 2, *de Evict.*
(4) L. 5, *de Evict.*
(5) L. 33, h. t.; l. 72, *de Evict.*
(6) L. 34, *de Ædilitio edicto.*

sieurs objets sont vendus, et où il est probable que l'acheteur n'en aurait pas voulu s'il ne les avait pu acheter
ensemble, parce qu'il faut qu'ils soient réunis pour lui procurer l'utilité qu'il en attend, la vente sera considérée
comme unique, soit que les deux parties soient convenues
d'un prix en bloc, soit qu'au contraire chaque objet ait
été vendu pour une somme déterminée. L'éviction partielle
est considérée alors comme une éviction totale.

Pour savoir quand il y a lieu à l'action *ex empto*, il faut
examiner quelle a été l'intention des parties et ce que veut
l'équité. L'acheteur d'une maison peut agir quand il est
évincé d'une colonne (1); l'acheteur d'une esclave enceinte,
quand l'enfant dont elle est devenue mère lui est enlevé (2).

Au contraire, l'action *ex stipulatu*, née de la stipulation qui accompagne ordinairement le contrat de vente,
est *stricti juris*, et n'a lieu que dans le cas où l'acheteur est
évincé de la chose même qu'il a acquise. Ainsi, elle est refusée quand c'est l'enfant qui est revendiqué et non pas la
mère : ainsi, dans une espèce analogue à celles que nous
venons d'énumérer, quand un navire a été vendu, si un
tiers revendique des planches, l'acheteur ne peut agir *ex
stipulatu* (3).

L'affranchissement d'un esclave l'enlève à son maître.
Ce n'est pas un cas d'éviction; mais l'acheteur cesse d'a-
voir l'esclave, et si l'affranchissement vient d'une cause
antérieure à la vente, il peut agir *ex empto*. Titius, en mou-
rant, laisse à Séla Stichus, Pamphile, Arescuse, et lui demande (*fidei ejus committit*) de les affranchir tous à la fin
de l'année. La légataire répudie le legs, l'héritier vend les
trois esclaves à Sempronius, sans lui faire part du fidéicommis de liberté; l'acheteur affranchit Arescuse quelques
années après. Les deux autres esclaves, à la connaissance
desquels est parvenu le fidéicommis, réclament leur
liberté devant le préteur, et se font affranchir par l'héri-

(1) L. 23, §. 1, de *Usue*;
(2) L. 8, de *Evict*.
(3) L. 36, *Ibid*.

2

tier. Arescuse, de son côté, refuse d'avoir l'acheteur pour patron. Quand la condition sous laquelle la liberté avait été laissée à des *statuliberi* se trouvait accomplie, et qu'à cette époque ils n'appartenaient plus à celui qui avait été chargé de les affranchir, ils avaient le droit de désigner celui par qui ils voulaient être affranchis, de leur propriétaire actuel, ou du fiduciaire. Bien plus, affranchis déjà par leur propriétaire, ils pouvaient choisir ce fiduciaire pour patron (1). C'est du premier de ces droits qu'usent les esclaves Stichus et Pamphile; c'est le second qu'invoque l'affranchie Arescuse.

Dans ce cas l'acheteur peut agir *ex empto* pour ce qui concerne Stichus et Pamphile. Peut-il agir également, *Arescusæ nomine?* Non, selon Ulpien : c'est volontairement qu'il a affranchi Arescuse, c'est par son fait qu'il l'a perdue, l'acheteur ne peut se plaindre quand c'est par son fait qu'il est évincé de la chose vendue. Julien et Paul sont d'un avis contraire. En effet, l'acheteur perd le titre et les droits de patron qu'il aurait eus si Arescuse n'avait pas été *statu libera*. Si Arescuse l'eût choisi pour patron, il n'a plus l'action *ex empto*, « *cum eam libertam habet*. » (2)

Il ne suffit pas que l'acheteur ait la chose vendue, s'il ne l'a pas en vertu de la vente. Si vous m'avez vendu le fonds d'autrui et qu'il soit devenu mien, *ex causa lucrativa*, je n'en ai pas moins l'action *ex empto* contre vous (3).

Je suis légataire d'une chose sans le savoir; je l'achète de l'héritier; je puis réclamer le prix par l'action *ex empto*, parceque je n'ai pas la chose *ex causa legati* (4). Jusqu'à l'évènement de la condition, s'il y en a une, le sort de la vente est en suspens, et si la condition n'arrive pas, cette vente demeure parfaitement valable. Mais supposons la condition accomplie, avant que la tradition ne soit opérée, je demanderai la chose par l'action *ex testamento*; je répé-

---

(1) L. 24, in fin. *defideicomm. libertatibus.*
(2) L. 43 et l. 45, §. 2, h. t.
(3) L. 13, §. 15, h. t.
(4) L. 29, h. t.

terai le prix par l'action *ex empto*. Si la tradition est déjà
opérée, je n'ai pas besoin de réclamer la chose et j'ai le droit
de répéter le prix.

Peu importe au reste quand arrive l'évènement qui donne
ouverture à l'action *ex empto*; à quelque époque que ce
soit de la vente, l'obligation de vendeur est toujours la
même (1). En effet, c'est une obligation conditionnelle, et
il serait étrange qu'elle pût s'éteindre avant le *dies venit*.

II. Obligation de garantir l'acheteur contre les vices de
la chose.

On achète une chose pour en avoir non seulement la
possession paisible, mais encore la possession utile.

Le vendeur d'un esclave garantit qu'il n'est pas fugitif (2),
qu'il n'a pas commis de vols, qu'il n'est pas exposé à une
action noxale (3) au moment de la vente. Varron disait
déjà : « *In pastorum emptione solet stipulatio intercedere
eum sanum esse, furtis noxisque solutum.* » Quand on vend
un vase, on doit le fournir entier, selon la décision de
Labéon (4).

Il faut distinguer parmi les vices ceux qui sont tels que
l'acheteur ne puisse pas être considéré comme possédant
la chose et ceux qui, au contraire, ne l'empêchent pas d'en
avoir la libre possession. Le vendeur de bonne foi est tenu
des premiers, non des seconds; il répond de l'esclave fugitif, non de l'esclave voleur (5) : « *fugitivum quidem habere non licet, et quasi evictionis nomine tenetur venditor;
furem autem habere possumus* », dit Ulpien. Accurse trouve
une autre raison de cette différence : quiconque achète un
esclave doit se douter qu'il est voleur, presque tous les
esclaves ayant ce vice, comme le prouve le vers

Quid domini faciant, audent cum talia fures?

(1) L. 21 , c. *de Evict.*
(2) L. 11, §. 17, h. t.
(3) L. 11, §. 1, h. t.
(4) L. 6, §. 4, h. t.
(5) l. 13, §. 1, h. t.

où *fures* est synonyme de *servi.* Mais Cujas remarque avec raison que les esclaves ne sont pas moins portés à s'enfuir qu'à voler. Il se contente de la raison donnée par Ulpien.

§. 3. Obligation d'être exempt de dol.

Le contrat de vente est de bonne foi ; il produit au profit de l'acheteur et met à la charge du vendeur toutes les obligations qui résultent d'une convention interprétée *ex bono et æquo* (1).

Les Romains distinguaient deux espèces de dol , le *dolus malus* et le *dolus bonus* (2). Le second n'était pas proscrit de la vente. Il était permis aux deux parties de chercher l'une à vendre le plus cher possible, l'autre à payer le meilleur marché possible. « Ce qu'on dit dans les ventes pour louer la chose, n'oblige pas le vendeur, *si palam appareant*; par exemple, le vendeur dit qu'un esclave est beau, qu'une maison est bien bâtie; mais, s'il dit qu'un esclave est *litteratus* ou *artifex*, il est tenu de le fournir tel, car ce qu'il a dit le lui a fait vendre (3). »

La bonne foi est exigée à toute époque, aussi bien au moment où se forme le contrat de vente, qu'après la vente même; le vendeur répond de son dol présent et futur.

I. Obligation d'être exempt de dol au moment du contrat de vente.

Le dol peut consister dans la dissimulation ou dans le mensonge.

A. *Dissimulation* — Le vendeur dissimule quel est le vrai propriétaire de la chose vendue. Il est tenu *ex empto*, même avant que le propriétaire ne réclame sa chose et n'en évince l'acheteur. En général, il n'est tenu que de faire avoir la chose à celui-ci, non de l'en rendre propriétaire; il semble que l'acheteur n'ait pas le droit de se plaindre tant que celui qui pourrait l'évincer le laisse tranquille possesseur de la

(1) L. 68, §. 1 de *Contr. empt.*
(2) L. 1, §. 3, ff. de *Dolo malo.*
(3) L. 43 pp. de *Contr. empt.*

chose vendue. Mais le vendeur a une autre obligation, celle d'agir de bonne foi avec l'acheteur, et ce n'est pas agir de bonne foi que de lui vendre sciemment la chose d'autrui en la faisant passer pour sienne (1). Si le vendeur s'était cru propriétaire de la chose, il eût été de bonne foi et ne serait pas tenu de l'action *empti* avant l'éviction. Si d'un autre côté l'acheteur n'avait pas ignoré que la chose appartenait à un tiers, il ne pourrait alléguer qu'il a été trompé; il devrait encore attendre l'éviction.

Nous avons parlé d'une *promissio dandi* par laquelle une personne s'obligeait à transférer à une autre la propriété d'une chose. Quand on a promis de livrer et qu'on livre, même de bonne foi, une chose qui appartient à un tiers, on est toujours tenu, même avant l'éviction. On n'a pas exécuté sa promesse, puisqu'on n'a pas rendu le stipulant propriétaire.

Au contraire, la mauvaise foi même du vendeur ne donne pas ouverture à cette action *ex stipulatu duplæ*, qui naît de la promesse habituellement faite par le vendeur de fournir le double de la valeur de la chose en cas d'éviction. En effet, la stipulation est un contrat *stricti juris*; elle ne produit d'obligations que pour le cas qui a été expressément prévu par les parties; ce cas, ce n'est pas ici celui où la propriété n'a pas été transférée à l'acheteur, mais celui où cet acheteur est évincé. L'action *ex stipulatu* ne pourra donc être exercée avant l'éviction.

On est tenu de l'action *ex empto*, quand on a vendu sciemment à un acheteur de bonne foi la chose d'autrui, à quelque titre qu'on l'ait vendue. Un créancier qui vend *jure pignoris* une chose qu'il sait appartenir à un autre que son débiteur, peut être poursuivi, même s'il ne s'est pas engagé *de dolo*, parce qu'il a manqué à la bonne foi, essentielle dans le contrat de vente. Il en serait de même si le titre dont il se prévaut pour vendre ne lui appartenait pas et qu'il le sût (2).

(1) L. 30, §. 1. — 6, §. 9. — 11, §. 15. *in fine*, h. t.
(2) L. 39, h. t.

Quelquefois la dissimulation porte seulement sur une partie de l'objet vendu. Par exemple je vous vends ce que j'ai possédé *intra terminos;* en deçà de ces limites se trouve un certain espace dont je n'ai jamais eu la possession; je le sais et je ne vous en avertis pas. A la rigueur, vous ne pouvez réclamer, car je vous ai vendu ce que je possédais en deçà de certaines limites. Mais il faut protéger l'acheteur qui n'aurait pas acheté ou qui aurait offert un moindre prix s'il avait su la vérité. Tout ce que fait le vendeur pour l'induire en erreur donne lieu à l'action *ex empto* (1).

Le vendeur dissimule certains vices de la chose. Il n'y a même pas lieu de distinguer si les vices dissimulés sont ceux dont il serait tenu par un chef spécial de l'action *empti,* ou non. — Vous m'avez vendu , *sciens ignoranti,* un esclave voleur ou sujet à une action noxale : vous êtes tenu *ex empto,* avant qu'il me manque rien (2), c'est-à-dire pour le dernier cas, avant que l'esclave soumis à l'action noxale ait été évincé ou que j'aie payé l'estimation du dommage causé par lui. L'existence d'une action noxale contre un esclave, au moment de la vente, était un vice dont le vendeur répondait toujours. Il ne garantit pas également que l'esclave ne soit point voleur.

Dans ce même cas, l'action *ex stipulatu duplæ* ne pourrait être exercée avant l'événement de la condition en vue de laquelle la stipulation a eu lieu.

L'acheteur de bonne foi a l'action *ex empto* contre celui qui lui a vendu sciemment comme vierge une femme qui ne l'était pas (3).

Ces règles sont dues à la jurisprudence comme le prouve un passage de Cicéron (4). « *Quum ex duodecim tabulis satis esset cautum ea præstari quæ essent lingua nuncupata, a jure consultis etiam reticentiæ pœna est constituta. Quidquid enim*

(1) L. 11 , §. 16, h. t.
(2) L. 4, pp. h. t.
(3) L. 11 , §. 5, h. t.
(4) *De off.* III.

ừ nest præ dip rilii , id statuerunt , si, venditor sciret , nisi nominatim dictum esset , præstari oportere. »

3. Le vendeur dissimule certaines charges qui pèsent sur la chose. « Le vendeur, dit la loi 1, §. 1, de notre titre, n'échappera pas à l'action *ex empto*, s'il a celé une servitude qu'il savait être due, pourvu que l'acheteur n'en ait pas eu connaissance ; l'action *empti* comprend tout ce qui se fait contrairement à la bonne foi. Nous considérons le vendeur comme connaissant la servitude et la dissimulant, non-seulement s'il n'en avertit pas l'acheteur, mais encore s'il nie qu'elle existe quand il est interrogé. Supposez qu'il ait dit : Il n'est pas dû de servitude, mais s'il en apparaît une imprévue, je n'en serai pas tenu. Je pense qu'il est tenu *ex empto*, parce qu'une servitude était due, et qu'il le savait. S'il a fait en sorte que l'acheteur ne sût pas qu'il existait une servitude, il est encore tenu. Et généralement, s'il a dissimulé la servitude contrairement à la probité, il doit être tenu, non s'il a seulement pourvu à sa tranquillité. » J'ai cité le paragraphe, parce qu'on y voit bien l'étendue de l'action *empti*. Le jurisconsulte poursuit le dol partout où il se réfugie, sous quelque déguisement qu'il se cache. — (Cf. l. 39, h. t.)

L'action *ex empto* est donnée contre le vendeur qui a dissimulé les charges publiques dont la chose vendue était grevée (1). Par exemple, une maison a été vendue, qui devait au fisc un certain tribut pour le curage et la réparation d'un aqueduc (2) : ou bien, c'est un fonds qui était redevable envers plusieurs municipes ; le vendeur a dit qu'il n'était grevé d'impôts qu'envers un seul, et il a eu soin de mettre à la charge de l'acheteur tout impôt, toute contribution autre que ceux qu'il a reconnus dans la loi de la vente (3.

4. Le vendeur est toujours tenu quand il dissimule ce qu'il est important pour l'acheteur de connaître. Par exem-

(1) L. 21, §. 1, h. t.
(2) L. 41, h. t.
(3) L. 13, §. 6, h. t.

ple, il cache le nom d'un voisin que celui-ci redoute (1); les
deux parties ont visité le fonds, le vent a abattu un certain
nombre d'arbres; puis la vente a été conclue : les arbres
abattus ne sont pas compris dans la vente, puisqu'ils ont
cessé de faire partie du fonds, avant la formation du
contrat; mais si le vendeur, sachant qu'ils étaient tombés,
n'en a pas prévenu l'acheteur, il est tenu *ex empto* envers
lui (2). Le fonds vendu avait une servitude active; le vendeur ne l'ignorait pas, et cependant il ne l'a pas fait connaître à l'acheteur; celui-ci n'a pas exercé son droit et l'a
laissé s'éteindre *non utendo*; il pourra recourir contre le
vendeur par l'action *ex empto* (3).

Dans les différents cas que nous avons pris pour exemples
d'après les jurisconsultes romains, le vendeur dissimule certains vices de la chose, certaines charges dont elle est grevée, le droit qu'un tiers peut avoir sur elle, en un mot, la
dissimulation *circa rem consistit*. Sera-t-il tenu de même,
s'il dissimule *ea quæ extra rem sunt?* Au moment d'une
famine, un marchand sait que des navires chargés de blé
vont arriver prochainement : est-il forcé d'en instruire
ceux avec lesquels il traite? Les jurisconsultes ne sont pas
allés jusque là. Cicéron pense que ce marchand est obligé
naturellement à prévenir ses cocontractants de tout ce
qui peut exercer quelque influence sur leur détermination,
parce que tout doit être égal entre les parties (4). Grotius
combat cette doctrine (5).

B. *Mensonge.* — Une personne, pour vendre plus facilement un fonds de terre, a trompé un acheteur en lui faisant croire qu'il était loué. Elle est tenue *ex empto*, même
quand, pour cacher plus sûrement sa fraude, elle *garan-
tirait* le prétendu fermier et le terme de cinq ans (6. Or

(1) L. 35, §. 8, *de contr. empt.*
(2) L. 9, pp. *de periculo et commodo.*
(3) L. 66, §. 1, *de contr. empt.*
(4) *De off.* III.
(5) II, c. 12.
(6) L. 19, h. t.

sait que les termes étaient ordinairement de cinq ans à Rome. — Un héritier vend un esclave qui doit être affranchi quand il pourra payer dix, en disant qu'il doit payer vingt pour obtenir sa liberté ; son mensonge donne lieu à l'action *empti* (1). — Il en est de même de celui du vendeur qui déclare que son fonds est grevé d'un tribut, mais ne déclare pas exactement le chiffre de ce tribut (2).

La faute lourde est assimilée au dol. Car le vendeur qui a déclaré faussement une contribution moindre qu'elle n'est en réalité, n'en est pas moins tenu pour être de bonne foi : *sive sciente sive ignorante*, dit la loi 9 au Code. Cependant la loi 21, §. 1, de notre titre, admettait que le vendeur qui n'avait pas connu le tribut, n'était pas responsable de ne l'avoir pas déclaré. Ces deux décisions se concilient sans peine. Le vendeur peut avoir une juste cause d'ignorer que le fonds qu'il a entre les mains est grevé d'une certaine charge ; par exemple il vient de le recueillir dans une succession. La loi 21, §. 1 parle d'un *prædium hereditarium*. Mais quand le vendeur sait que son bien doit un impôt, il ne doit pas ignorer quel en est le chiffre, il ne doit pas surtout courir le risque de tromper l'acheteur par une affirmation faite à la légère ; en un mot, s'il est exempt de dol, il commet une faute grave.

II. Obligation d'être exempt de dol après la vente.

Le vendeur n'est pas exempt de dol s'il a fait ou s'il fait quelque chose qui porte atteinte à la possession de l'acheteur (3). — Je vous vends un sépulcre, et, avant que vous n'y ayez mis un mort, je bâtis à la distance prohibée auprès de ce sépulcre, qui ne peut plus servir à sa destination (4). Je devais vous livrer un fonds libre et je vous le livre grevé d'une servitude (5). Je prends de faux poids pour peser

(1) L. 10, ff, *de statuliberis.*
(2) L. 9, C. h. t.
(3) L. 68; §. 2, *de Contr. Empt.*
(4) L. 6, §. 3, h. t.
(5) L. 8, §. 1, h. t.

l'huile que vous m'avez achetée (1). Je serai tenu *ex empto* dans tous ces trois cas.

Le dol peut venir d'une autre personne que le vendeur. Ainsi, un pupille vend une chose avec l'autorisation de ses tuteurs qui commettent un dol; l'acheteur a l'action *ex empto* contre le premier, mais seulement jusqu'à concurrence de la valeur dont il s'est enrichi : il a contre les seconds pour recouvrer le reste, une action perpétuelle *in factum* (2).

§. 4. Obligation de fournir à l'acheteur les fruits produits depuis la vente.

« Du jour de la vente, dit Paul (3), si le prix a été compté, les fruits, les *operæ servorum*, le croît des troupeaux et le part des esclaves appartiennent à l'acheteur. »

Les lois 13 et 16 au Code, *de actionibus Empti*, attribuent également à l'acheteur, l'une les fruits, l'autre le croît des troupeaux.

La loi 13, §. 10 de notre titre suppose la vente d'un fonds dont la récolte est déjà mûre, et décide que les fruits sont pour l'acheteur. Quant aux fruits qui ne sont pas mûrs, ils sont considérés comme faisant partie du fonds, et sont compris dans la vente dont il fait l'objet.

Mais il ne s'agit que des fruits naturels ou industriels. Quant aux fruits civils, dus au vendeur, en vertu d'un contrat, c'est à lui qu'ils sont dévolus (4). Seulement l'acheteur peut empêcher le locataire de jouir, ou le vendeur peut lui transférer les actions qu'il a contre celui-ci.

Nous allons voir quelques conséquences de ces deux principes. A qui devra-t-on attribuer le profit résultant du travail d'un esclave ou d'une bête de somme, du louage d'un navire? c'est à l'acheteur sans difficulté; quelle différence, cependant, peut-on faire entre le louage d'un fonds

(1) L. 32, h. t.
(2) L. 13, §. 7, h. t.
(3) *Sent* 11, 17, §. 17.
(4) L. 13, §. 11, h. t.

de terre et celui d'un navire? Un fonds de terre n'est pas fait pour être loué, mais pour être cultivé, pour produire les fruits naturels ; un navire ne peut que se louer ; l'argent est un fruit naturel provenant de l'acte nécessaire pour jouir d'un navire (1).

Supposons l'esclave vendu *cum peculio*. Il recueille une hérédité, un legs; son maître lui fait une donation : voilà les fruits naturels que l'on peut tirer de la jouissance d'un esclave ; ces fruits seront dus à l'acheteur (2). Il n'importe que l'hérédité ait été laissée à l'esclave en vue du vendeur; s'il l'acquiert après la vente, c'est à l'acheteur qu'elle profitera, de même qu'une hérédité acquise par lui avant la vente profiterait au vendeur, quand même elle lui aurait été laissée en vue de l'acheteur (3).

On peut déroger à ces règles par une convention. Ainsi les *operæ servorum* resteront au vendeur, si le jour de la tradition a été retardé précisément pour qu'il puisse en jouir.

Une fois en demeure, le vendeur doit tenir compte non-seulement des fruits qu'il a perçus , mais de ceux qu'aurait perçus l'acheteur, si la chose lui eût été livrée (4).

§. 5. Obligation de faire certaines promesses.

Le vendeur est obligé à faire trois promesses, *cautio de re vendita*, *stipulatio duplæ*, *cautio de vitiis et morbis rei venditæ*.

I. Promesse *de re vendita*. L'acheteur stipule et le vendeur promet *emptori rem licere habere* (5). Cette stipulation ajoute-t-elle quelque chose à l'action *ex empto* ? Par l'action *ex empto*, comme nous le verrons plus loin, on obtient *id quod interest* au moment de l'éviction de la chose vendue;

(1) L. 13, §. 13, h. t.
(2) L. 13. §. 18, h. t.
(3) L. 23, §. ult, de Æd. ed.
(4) L. 31, §. 1, h. t.
(5) L. 38 , de verb. obl.

par la stipulation, on peut réclamer *id quod interest* au moment où la promesse a été faite en réponse à la stipulation. La loi 14 au Code, *de action. Empti*, semble parler d'une promesse *de servis tradendis*; mais, pour obtenir la tradition, l'action *ex empto* suffit, la stipulation serait superflue; les mots *de servis tradendis* ne se rapportent pas au verbe *repromitti*, selon Donneau, mais au verbe *postulat*; le vrai sens de la phrase n'est pas que l'acheteur demande une promesse *de servis tradendis*, mais qu'à propos d'esclaves qui lui doivent être livrés, il demande la promesse *rem licere habere*.

La promesse doit être restreinte à l'objet que les parties ont eu en vue. Elle ne s'étend pas à la prestation des fruits produits par la chose depuis la vente (1). Pour les répéter, l'acheteur aura l'action *ex empto*.

II. *Stipulatio simplæ aut duplæ*. — Le vendeur promet de fournir à l'acheteur, s'il est évincé, le simple ou le double de la valeur de la chose (2). L'acheteur n'était pas admis à exiger la promesse du double pour toute vente indistinctement. Il fallait que le contrat eût pour objets des immeubles ou des meubles précieux et que la stipulation du double fût dans les usages du pays.

On peut se demander quelle était l'utilité de la stipulation du simple, après la *cautio de re vendita*; il semble que l'une et l'autre n'aient dû servir qu'à faire obtenir à l'acheteur l'estimation de la chose au moment de la vente, au lieu de l'estimation au moment de l'éviction. Mais, par la *cautio de re vendita*, le vendeur ne pouvait promettre que son fait ou celui des héritiers. La stipulation du double ou du simple était commise, au contraire, quelle que fût la personne qui évinçait l'acheteur.

III. *Cautio de vitiis et morbis rei venditæ*. Cette promesse était exigée des vendeurs d'esclaves et d'animaux. Par exemple, on promettait qu'un esclave n'était pas fugitif (3),

(1) L. 3, §. 1, h. t.
(2) L. 31, §. 20, *de Æd. ed.*
(3) L. 17, pp. *de Edil. edicto*.

erro (1), etc. Cette stipulation avait une grande utilité; pour ces causes, l'on ne pouvait obtenir *id quod interest* par l'action *empti*; on n'avait que les actions rédhibitoires et *quanta minoris*, en vertu de l'édit des Ediles.

Le vendeur d'animaux, dit Ulpien, doit promettre *eu sana præstari :* celui qui vend des bêtes de somme *esse , bibere, ut oportet* (2). Selon Varron, l'action était refusée aux bouchers et à ceux qui achetaient les animaux pour les sacrifier.

Ces trois promesses devaient-elles être accompagnées de satisdation? La loi 37, pp. *de Evictionibus* se contente d'une *nuda repromissio,* pour la stipulation du double; les lois 18, §. 1, *de Peric. et comm.* et 11, §. 9, h. t. exigent au contraire une satisdation. Suivant Donneau, la *nuda repromissio* suffit toujours , excepté dans un cas, celui où, le prix n'étant pas encore payé, un procès est soulevé contre l'acheteur sur la propriété de la chose vendue et livrée. C'est ce cas qui est prévu par la loi 11, §. 1, *de Peric. et comm.* L'imminence du danger auquel s'expose l'acheteur en payant le prix explique la nécessité d'une satisdation. Quant à la loi 11 , §. 9, de notre titre, ce texte ne décide pas s'il faut donner une caution, ni dans quelles hypothèses elle est nécessaire. Elle l'est lorsque les parties sont convenues entre elles que le vendeur en fournirait une (3).

Article 2. Obligations imposées au vendeur par le contrat spécial de vente, ou par une convention accessoire à ce contrat.

Ces obligations peuvent être relatives à la chose vendue. Le vendeur s'oblige à fournir une certaine quantité ou qualité, à livrer tel jour ou en tel lieu. Elles peuvent avoir pour objets certaines choses accessoires à la chose vendue. Enfin, elles peuvent avoir pour objet une chose indépen-

(1) *Ib.* §. 14.
(2) L. 11 , §. 4, h. t.
(3) L. 37, pp. *de Evict.*

dante de la chose vendue; elles-mêmes dérivant d'une convention accessoire au contrat de vente.

§. 1. Obligations du vendeur relatives à la chose vendue.

I. Le vendeur doit fournir la quantité qu'il a promise.
« Si une quantité a été convenue dans la vente, et qu'elle
ne soit pas fournie, il y a lieu à l'action *ex empto* (1). » La
bonne foi ne dégage pas la responsabilité du vendeur.
C'est ce qui résulte de la loi 6, pp.

La comparaison se fait entre la quantité promise et la
quantité fournie. Quand on a vendu un fonds comprenant
diverses espèces de terrain, des blés, des vignes, des
prés, et que l'on a déterminé quelle était la quantité des
uns et des autres, le vendeur doit délivrer, non-seulement
le nombre total d'arpents dont se compose le fonds vendu,
mais le nombre vendu d'arpents de vignes, de blé, etc. (2).

On comprend sans peine combien cette responsabilité
était lourde pour le vendeur. Aussi pouvait-il fixer un terme
avant lequel l'acheteur devait mesurer la chose vendue et
lui dénoncer l'insuffisance de la quantité, s'il y avait lieu;
passé ce temps, le vendeur cessait d'être responsable. Mais
il n'aurait pas suffi de convenir que l'acheteur mesurerait
la chose *in diebus proximis*, et cette convention n'empêchait
pas l'exercice de l'action *ex empto*, *quamvis multis post
annis* (3).

Si la quantité fournie se trouvait être supérieure au lieu
d'être inférieure à la quantité convenue, c'était l'acheteur
qui profitait de la différence, à la condition toutefois que
les parties, en convenant d'une quantité, n'eussent pas
entendu fixer un *maximum*, au-delà duquel l'acheteur
n'eût rien à prétendre (4). Cet excédant était dû à l'ache-

(1) L. 2, pp. h. t.; l. 6, §. 4, h. t.
(2) L. 4, §. 1, h. t.
(3) L. 40, pp., *de Contr. empt.*,
(4) L. 38, pp. h. t.

teur au même titre et sous la même garantie que le reste de la chose vendue. Le vendeur répondait de l'éviction qui pouvait en avoir lieu (1).

On se demandait ce qu'il fallait comprendre dans la chose vendue pour la mesurer. On en excluait naturellement ce qui ne pouvait appartenir à personne, comme le rivage de la mer, fût-il même contigu au fonds, les routes, les lieux religieux et sacrés. Il fallait une convention spéciale pour qu'il en fût tenu compte dans la mesure au profit du vendeur (2).

Nous avons supposé tout à l'heure la vente d'un fonds composé de terrains de diverses natures, donnant des produits différents. Supposons deux fonds vendus, mais pour un seul et même prix, par un seul et même acte, si l'on veut. La mesure de l'un et de l'autre a été séparément indiquée. Le vendeur a promis, par exemple, que le fonds Séien avait cent arpents, le fonds Mévien deux cents. L'acheteur les mesure et trouve dix arpents de moins dans le premier, dix arpents de plus dans le second. L'acheteur a l'action *ex empto*, car il n'a pas reçu la quantité qui lui était due. Mais le vendeur aura l'exception de dol, surtout si le fonds Mévien, celui où se trouve un excédant de dix arpents, est planté en vignes. On sait que les plantations de vignes étaient considérées par les anciens comme beaucoup plus précieuses que les autres. Cependant, se demande le jurisconsulte, l'exception de dol peut-elle être opposée à celui qui agit en vertu d'un *jus perpetuum*, expression qui désigne le *jus summum, directum*? L'excédant de la quantité réelle sur la quantité convenue doit profiter à l'acheteur, comme je l'ai dit plus haut, et le vendeur est tenu, au contraire, de l'excédant de la quantité convenue sur la quantité réelle, sur celle qu'il délivre. L'équité l'emporte cependant, et le jurisconsulte compense l'avantage que l'acheteur trouve dans la délivrance du fonds Mévien

(1) L. 45, *de Evict.*
(2) L. §. 1, *de Contr. empt.*; 7, §. 1, *de Peric. et comm. rei vend.*

avec le désavantage qu'il souffre dans celle du fonds Séien.

Il en sera de même dans le cas où deux esclaves *statuli-beri* seront vendus pour un seul et même prix, le vendeur disant que chacun doit payer dix pour devenir libre; l'un d'eux peut s'affranchir en payant cinq, l'autre en payant quinze. Le dommage se compense avec le profit, et l'acheteur ne peut rien demander que si le résultat de la compensation ne le désintéresse pas entièrement (1).

Il faut que les deux esclaves soient vendus moyennant un seul et même prix pour que cette compensation s'opère. Africain, les supposant vendus chacun pour un prix séparé, cinq, par exemple, décide que l'éviction de l'un donnera lieu à l'action *ex empto*, quand même l'autre serait estimé dix, et vaudrait à lui seul le prix pour lequel il a été vendu avec son compagnon (2).

L'objet vendu doit être mesuré comme le veulent les parties. Un rescrit impérial leur donne une entière liberté aussi bien pour choisir leurs mesures que pour déterminer le prix (3).

Mais il faut mesurer la chose selon l'intention qu'avaient les parties au moment de la vente. Je vends un lac et dix pieds de terre; une crue imprévue couvre les dix pieds qui entouraient le lac, l'acheteur n'aura pas le droit de réclamer dix autres pieds à partir du bord tel que l'a fait cette crue (4).

Nous avons dit que l'acheteur de bonne foi était tenu, comme celui de mauvaise foi, de la différence qui existait entre la quantité promise et la quantité fournie. La bonne foi n'est cependant pas toujours indifférente. Voici une espèce où il n'y a d'action que contre le vendeur de mauvaise foi : Je vends un fonds de quatre-vingt-dix arpents, en disant qu'il en comprend cent. Avant que l'acheteur ne l'ait

(1) L. 42, h. t.
(2) L. 17, *de Evict.*
(3) L. 71, *de Contr. empt.*
(4) L. 69, *ib.*

mesuré, l'alluvion l'augmente de dix arpents; les cent arpents promis se trouvent en la possession de l'acheteur. Il
n'en pourra pas moins agir *ex empto* contre moi, si j'étais
de mauvaise foi, parce que j'aurais commis un dol, qui ne
se purge pas ainsi; mais il n'aura rien à demander, si j'ai
été de bonne foi (1).

II. Le vendeur doit fournir la qualité qu'il a promise.

La loi des XII Tables l'obligeait à livrer « *quæ lingua nuncupata sunt* » dans le contrat, c'est-à-dire, non-seulement
ce que l'acheteur avait stipulé avec les solennités requises,
mais encore ce que le vendeur avait indiqué, annoncé,
car indiquer n'est pas vanter; vanter sa chose n'oblige pas;
en indiquer les qualités oblige.

Vendant un bien de cent arpents, il a dit qu'il y en avait
cinquante de vignes, cinquante de pré; le fonds a bien
cent arpents en tout, mais il n'en a pas cinquante de
vignes (2). L'acheteur a l'action *ex empto*.

Cujas, rappelant que les servitudes qui grèvent un fonds
ou la liberté dont il jouit ne sont autre chose que des qualités même de ce fonds, pense que l'action *ex empto* sera
exercée dans l'hypothèse où une personne vend un fonds
comme libre pour une moitié, grevé pour l'autre moitié
d'une servitude, et où cette servitude grève plus de la moitié du fonds.

Le maître d'un esclave, pour le vendre plus facilement
et plus cher, l'a représenté comme ayant un pécule, comme
possédant certains talents, quand il n'avait point de pécule, quand il n'avait jamais possédé ces talents. Il sera
tenu *ex empto* (3).

La bonne foi même ne suffit pas pour mettre le vendeur
à l'abri des poursuites de l'acheteur. Le vendeur, ignorant
que son esclave était voleur, assure qu'il est tempérant et
fidèle, et il le vend un prix élevé. Il est tenu, malgré sa
bonne foi, parce qu'il ne devait pas affirmer facilement ce

(1) L. 13, §. 14, h. t.
(2) L. 22, h. t. — 34, h. t.
(3) L. 13, §. 4, h. t.

3

qu'il ignorait. Celui qui connaît les vices de son esclave doit en prévenir l'acquéreur, celui qui ne les connaît pas doit se garder de donner des renseignements mal fondés(1).

L'acheteur a l'action *ex empto* dès qu'un interdit l'empêche de posséder la chose telle qu'elle lui a été vendue, même quand le droit lui-même ne lui serait pas encore définitivement enlevé. Ainsi, j'ai acheté un fonds comme libre de toute servitude; le propriétaire d'un fonds voisin obtient un interdit *de itinere actuque*, l'action est ouverte (2).

Nous avons vu qu'il en était ainsi quand c'était la possession du fonds lui-même qui faisait l'objet de l'interdit délivré contre l'acheteur. La possession n'est complète que lorsque la chose peut procurer à celui qui la possède toute l'utilité qu'il a eue en vue en l'achetant. La découverte d'une servitude diminue cette utilité, et par conséquent rend la possession incomplète, ce qui donne lieu à l'action *ex empto*.

Mais l'acheteur ne peut se plaindre de ce qu'on ne lui fournit pas la qualité promise que si lui-même est de bonne foi, que s'il a cru trouver cette qualité (3) en achetant l'objet. Il peut y avoir contre lui une présomption de mauvaise foi. Par exemple, il achète un esclave qui a les yeux crevés, et stipule qu'il est sain; la stipulation n'est supposée se rapporter qu'au reste du corps; l'acheteur n'a pu ignorer que les yeux de cet esclave fussent crevés (4).

III. Le vendeur doit livrer la chose au lieu et au terme convenus (5).

§. 2. Obligations du vendeur ayant pour objets certaines choses accessoires à la chose vendue.

Il y a certaines obligations qui sont naturelles au contrat de vente, considéré en général, que toute personne

(1) L. 13, §. 3, h. t.
(2) L. 35, h. t.
(3) L. 45, *de contr. empt.*
(4) L. 43, §. 1, *ib.*
(5) L. 10, *Cod*, h. t. — L. 3, §. 3, h. t.

s'impose, par cela même qu'elle prend part à un contrat de vente, et qu'elle y prend part en qualité de vendeur. Il est inutile d'en faire mention quand on contracte. Il en est d'autres qui, au contraire, doivent être expressément mentionnées pour être mises à la charge du vendeur. Il en est une troisième classe; elles dérivent naturellement, non de ce qu'un contrat de vente est formé, mais de ce que telle ou telle chose est vendue. Les parties, en convenant que l'une d'entre elles achètera, que l'autre vendra un certain objet, sont supposées convenir en même temps de l'achat et de la vente d'autres objets, accessoires à celui qui est vendu, à celui dont une mention expresse est faite dans la loi du contrat. C'est ainsi que celui qui vend une fontaine est censé vendre également le chemin qui est nécessaire pour y arriver (1).

Il est certaines choses qui, au contraire, doivent être exprimées dans la vente pour y être comprises et qui n'en sont pas moins considérées comme accessoires.

L'acheteur peut réclamer les choses accessoires comme il ferait la principale; évincé des premières, il peut agir, comme il agirait s'il était évincé de la seconde (2). La seule différence, nous le verrons plus loin, est qu'il ne peut obtenir la même chose pour l'éviction des accessoires que pour celle de la chose principale.

Il ne suffit pas que le vendeur livre et garantisse à l'acheteur la possession paisible des accessoires; il faut encore qu'il lui en assure la possession utile. Tout ce qui est ainsi promis doit être livré sain et entier (3). Paul prend pour exemple des tonneaux vendus, avec un fonds de terre.

Cet exemple donne lieu à quelques difficultés. Il faut d'abord distinguer trois cas. 1° Le vendeur a dit qu'il y avait dans le fonds quatre-vingts tonneaux attachés au sol : s'il s'en trouve davantage, il n'est pas tenu de les

(1) L. 40, §. 1, de Contr. Empt.
(2) L. 11, §. 17, h. t. — L. 16, de Evict.
(3) L. 27, h. t.

livrer tous à l'acheteur, mais il doit lui livrer ceux qui sont entiers; 2° S'il y en a quatre-vingts, il les fournit tels qu'ils sont et n'est pas tenu *ex empto*, si quelques-uns ne sont pas entiers (1); 3° Le vendeur affirme qu'il y a cent tonneaux dans le fonds, et il n'y en a pas un seul; il n'en doit pas moins cent tonneaux à l'acheteur (2).

La première décision paraît en contradiction avec une loi que nous avons étudiée; d'après cette loi, celui qui vend un esclave avec son pécule qu'il dit être de dix doit livrer le pécule tout entier, même quand il est plus considérable (3). Il est facile de montrer que la contradiction n'est qu'apparente. Le vendeur, dans la loi 58, promet qu'il ne retiendra rien du pécule de l'esclave. Il ne dit pas que le pécule se compose seulement de dix, mais qu'il y a dix dans le pécule, et, en ajoutant qu'il n'en retranchera rien, il s'oblige à fournir ce pécule tout entier, si considérable qu'il soit.

La troisième décision ne semble pas s'accorder avec la loi 108, §. 10 de Legatis 1°. Cette loi suppose que je promets dix que j'ai dans un coffre; s'il ne s'y trouve que cinq, je ne dois que cinq; s'il ne s'y trouve rien, je ne dois rien. Il en est de même si un testateur lègue dix qui sont dans un coffre. Le jurisconsulte ajoute que l'objet du legs ou de la stipulation est un corps certain, la désignation du meuble dans lequel se trouvent les pièces léguées ou promises équivalant à la désignation de ces pièces même. Dans notre hypothèse au contraire, les cent tonneaux dont il a été parlé ne sont point des corps certains, ils sont promis *in genere*. Le vendeur a bien indiqué le lieu où ils devaient se trouver, mais sans penser à désigner les tonneaux par cette indication. Ce que les deux parties ont eu en vue, c'est le nombre des tonneaux.

Enfin, à la seconde décision, l'on peut opposer la loi 6, §.4, de notre titre qui admet que les vases vendus doivent être

(1) L. 54, §. 1, h. t.
(2) L. 26, f. h. t.
(3) L. 38, h. t.

fournis entiers, même quand les parties ont gardé le silence sur cette condition. Je ne vois qu'un moyen de concilier les deux lois, c'est de dire que la loi 6, §. 4, suppose des vases vendus *principaliter*, la loi 54; §. 1, des tonneaux vendus accessoirement. On comprend que l'acheteur ait le droit de se montrer plus exigeant quand il s'agit de l'objet qu'il a eu en vue en contractant.

Du reste le vendeur doit veiller avec le même soin sur les accessoires que sur la chose principale. Il répond toujours de sa faute, par exemple s'il s'est engagé à réclamer du locataire les loyers échus et à les remettre à l'acheteur (1).

§. 3. Obligations du vendeur dérivant d'un pacte accessoire au contrat de vente.

L'acheteur avait l'habitude de donner des arrhes pour prouver le contrat de vente (2). Une fois le contrat exécuté ou révoqué du mutuel consentement des parties, le vendeur devait les lui restituer. Notre titre prévoit les deux hypothèses. Une personne achète du vin et donne pour arrhes une certaine somme ; la vente est révoquée ; elle peut agir *ex empto* pour se faire rendre ce qu'elle a donné, et même, ajoute le jurisconsulte, *ad distrahendam emptionem*. Ces mots pourraient faire croire que la vente n'est pas résolue tant que les arrhes ne sont pas rendues à l'acheteur. Il n'en est rien. La restitution des arrhes fait seulement disparaître les derniers restes du contrat.

Le jurisconsulte suppose ensuite un anneau donné en arrhes et la vente exécutée. Il ouvre deux voies à l'acheteur, celle de l'action *ex empto* et celle de la *condictio sine causa* (2). L'acheteur transfère la propriété de l'anneau, pour qu'elle lui soit transférée à lui-même. Ce n'est point un pacte nu qu'il fait avec le vendeur : « *Cum pecunia datur*

(1) L. 13, § 16, h. p. — L. 68, pp. *de contr. empt.*
(2) L. 35, pp. *de contr. empt.*
(3) L. 11, §. 6, h. t.

et aliquid de reddenda ea convenit, utilis est condictio (1). »
Un pacte quelconque suffit pour donner à l'acheteur
l'action *ex empto*, dès qu'il suit *ex continenti* le contrat de
vente; il faut généraliser ce que notre titre dit du pacte
d'arrhes. Les pactes ajoutés *ex continenti* à un contrat de
bonne foi en prennent la forme, les caractères et la force;
ils en deviennent une partie intégrante; ils se confondent
avec le contrat même, et l'action attachée à ce contrat est
produite alors par ces conventions que le droit ne reconnaît
pas ou auxquelles il n'accorde que des effets restreints quand
elles se présentent seules.

Section III.

A quelles conditions l'acheteur peut-il agir *ex empto* ?

1. « L'acheteur doit offrir le prix, quand il agit *ex empto*,
et par conséquent, s'il n'offre qu'une partie du prix, il n'a
pas encore l'action; car le vendeur peut retenir, comme en
gage, la chose qu'il a vendue (2). » Il faut offrir le paiement
et le paiement intégral.

Ce n'est pas que ce contrat synallagmatique oblige l'acheteur à remplir toujours ses engagements le premier. La
règle est que celle des deux parties qui réclame de l'autre
l'exécution du contrat doit l'avoir exécuté ou doit offrir de
l'exécuter en ce qui la concerne. Le vendeur qui viendrait
réclamer le prix, sans offrir la chose, serait repoussé par
l'exception *Si non pretium ejus rei petatur quæ venit
neque tradita est* (3) : l'acheteur est repoussé, « car, dit
Tertullien, il est inepte de n'offrir pas le prix et d'étendre
la main sur la chose. »

L'acheteur n'est pas même dispensé de faire ses offres
« quand, par le bénéfice de quelque loi, il cesse de devoir

(1) L. 10, c. *de Pactis.*
(2) L. 13, §. 8, h. t. — L. 22, *de Hered. vend.* — L. 78, §. 2, *de contr. empt.*
(3) L. 25, h. t.

le prix de la chose vendue (1). » De quelle loi s'agit-il ? probablement de ces *novæ tabulæ* qui ont plus d'une fois, dans le cours de l'histoire romaine, libéré les pauvres de leurs dettes. L'acheteur voit sa dette éteinte. Mais il serait trop inique, trop contraire à la bonne foi, partant à l'essence même du contrat de vente, que le vendeur fût forcé de livrer sa chose sans rien recevoir en retour.

Si la tradition est déjà faite, le vendeur revendique la chose vendue, pourvu qu'il n'ait pas suivi la foi de l'acheteur. Celui-ci lui oppose en vain l'exception *rei venditæ et traditæ*, s'il n'offre en même temps le prix dont il était redevable avant la loi, et les choses se passeront comme si la chose n'avait été ni vendue ni livrée.

2. En cas d'éviction, l'acheteur ne peut agir que s'il a dénoncé au vendeur l'action qui était dirigée contre lui. Il doit *denuntiare auctori*, *laudare auctorem* (2). L'action *ex empto* à laquelle l'éviction de l'usufruit ou d'une part de l'objet vendu donne également lieu est subordonnée à la même condition (3).

Il est bien entendu que s'il a été impossible de remplir cette obligation, soit parce que l'acheteur n'a pu connaître la résidence du vendeur, soit parce que ce dernier a fait en sorte d'échapper à la dénonciation qui devait le rendre responsable de l'éviction, l'action *ex empto* pourra être exercée (4).

L'obligation de dénoncer les poursuites peut-être remise à l'acheteur par un pacte (5).

Section IV.

Que peut-on obtenir par l'action *ex empto* ?

L'acheteur, disons-le tout de suite, n'a qu'une action personnelle. La vente ne transférait pas la propriété en

(1) L. 50, h. t.
(2) L. 8, *C. de Evict.* — L. 20, *ib.*
(3) L. 49, *de Evict.*
(4) L. 55, §. 1. L. 56. §. 5 et 6, *ibid.*
(5) L. 63, *ib.*

droit romain : *Traditionibus et usucapionibus dominia rerum, non nudis pactis transferuntur,* » disent les empereurs Dioclétien et Maximien (1). Nous trouvons dans notre titre l'application de ce principe : Une personne achète des arbres qui ne sont pas encore abattus et en paie le prix, le vendeur refuse de les lui livrer, elle demande quelle action elle doit intenter contre lui et si elle est devenue propriétaire de ces arbres. Pomponius lui répond que, les arbres n'étant pas séparés du fonds, elle ne peut les revendiquer et qu'elle doit agir *ex empto* (2).

Pour savoir ce que l'acheteur peut obtenir par l'action *ex empto*, il faut distinguer les différents cas dans lesquels il l'exerce. Car il est évident que cette action ne peut aboutir à la même condamnation, quand l'acheteur l'intente parce que la chose vendue ne lui a pas été livrée, parce qu'il en est évincé, ou que la quantité promise est inférieure à la quantité fournie.

Nous diviserons cette section comme nous avons divisé la section II.

Art. I. Obligations du vendeur naturelles à la vente.

§. 1. Obligation de livrer la chose à l'acheteur.

Le vendeur ne livre pas la chose. Il est poursuivi *ex empto*. Sera-t-il condamné à livrer la chose, ou à payer à l'acheteur l'estimation de l'intérêt que celui-ci aurait à la posséder? A payer cette estimation. Il en est de l'obligation de livrer comme de toutes les obligations de faire (3).

Cependant il n'est obligé qu'à livrer; l'acheteur, agissant *ex empto*, ne peut demander que la tradition qui seule lui est due, et le juge ne peut condamner le défendeur qu'à ce qui est demandé. Mais la question est de savoir en quoi consiste l'obligation du vendeur. Or, dans les obligations

(1) L. 20, C. de Pactis.
(2) L. 50, h. t.
(3) L. 13, §. 1, de Re judicata.

de faire, quand une fois le temps de les remplir est passé, ce n'est plus le fait qui est dû, c'est l'estimation de l'intérêt qu'avait le créancier à ce qu'il fût exécuté : « *Celsus libro* 38 *Digestorum, refert Tuberonem existimásse ubi quid fieri stipulemur, si non fuerit factum, pecuniam dari oportere : ideoque etiam in hoc genere dividi stipulationem : secundum quem Celsus, ait posse dici justâ æstimatione facti dandam esse petitionem* (1). »

Cette doctrine est parfaitement rationnelle. Quand une personne s'oblige à faire, ce n'est pas le fait promis que désire le créancier, il veut acquérir par ce fait ce qu'il a intérêt à avoir. Aussi voit-on les jurisconsultes réduire les obligations de faire dans la mesure de l'intérêt du stipulant, les anéantir même si le stipulant n'y est pas intéressé (2).

Il ne faut pas dire pour cela que nous supprimons l'obligation de livrer. Cette obligation subsiste *ab initio ;* indirectement même le vendeur est forcé à l'accomplir par la crainte de payer à l'acheteur l'estimation de son intérêt. Il est donc vrai en ce sens que l'action *ex empto* est donnée à l'acheteur pour se faire mettre en possession de la chose vendue (3).

Cette décision s'applique-t-elle même au cas où le vendeur peut livrer la chose ? Il ne faut pas distinguer. Les lois 1 de notre titre et 4 au Code de *act. empti* ne donnent qu'un droit à l'acheteur, celui de se faire payer l'estimation de son intérêt. Les différentes lois que nous venons de citer pour montrer que dans les obligations de faire c'est une estimation semblable qui est due au créancier, n'exigent nullement que le fait promis ne puisse plus être exécuté. Bien plus, la loi 4 au Code suppose expressément que la tradition est possible, car elle parle de la *procacia venditoris.* L'argument qu'on fait valoir contre ce système, c'est que dans la revendication la chose peut être enlevée *manu mi-*

(1) L. 72. pp. de *Verb. Oblig.*
(2) L. 13, pp. de *Re jud.* — L. 112, §. 1, *de verb. oblig.*
(3) *Sent. Paul.,* 1, XIII §, 1.

litari (1). Donneau répond judicieusement que. dans la revendication le demandeur est propriétaire, que le magistrat ne fait que transférer la détention de la chose, ce qui
est possible à toute personne; la tradition qui suit la vente
transfère la propriété, quand l'acheteur a rempli ses obligations, et il faut qu'il les ait remplies pour pouvoir agir
ex empto, comme nous avons vu. Or, le magistrat ne peut
transférer la propriété que dans certains cas déterminés,
au nombre desquels n'est pas celui que nous examinons.

Dans les obligations de faire, le débiteur se libère toujours en accomplissant le fait avant la litiscontestation.
Une fois que la litiscontestation a eu lieu, l'accomplissement ne lui sert plus à rien dans les *judicia stricti juris*
qui ne sont pas *absolutoria*. (2). Dans les actions de bonne
foi, il était toujours temps pour lui de remplir son obligation; mais après la litiscontestation, cette obligation consiste
à désintéresser l'acheteur : si l'exécution du fait ne dédom-
mage pas entièrement celui-ci, elle ne suffira donc pas ;
mais il suffira toujours que le vendeur offre de payer à l'a-
cheteur l'estimation de son intérêt.

Ainsi, par l'action *ex empto*, qu'il exerce quand la chose
vendue ne lui a pas été livrée, comme elle devait l'être,
l'acheteur doit obtenir l'estimation de l'intérêt qu'il aurait
eu à ce que la tradition eût lieu.

Quel est cet intérêt? L'acheteur doit être indemnisé de
la perte qu'il a faite et du gain qu'il a manqué de faire.
Damnum emergens et *lucrum cessans*, voilà quels sont les
deux éléments de l'estimation à laquelle le vendeur est
condamné.

Mais le vendeur n'est responsable que des choses *quæ
circa rem consistunt* (3), qui ont rapport à la chose même.
Ainsi, il doit d'abord rembourser le prix et tous les accessoires du prix. Si la chose vendue a augmenté de valeur,
il tient compte à l'acheteur de cette augmentation. Au

(1) L. 68, *de Rei vind.*
(2) L. 84, *de verb. oblig.*
(3) L. 21, §. 3, h. t.

contraire, celui-ci ne peut réclamer le gain qu'il a manqué de faire dans une opération commerciale, parce que le vin qu'il avait acheté ne lui est point arrivé assez tôt; le prix de deux esclaves qui sont morts de faim, parce que le blé ne lui a pas été remis. « *Nec major fit obligatio, quod tardius agitur,* » dit le jurisconsulte, ce qui ne signifie pas que le vendeur ne peut être obligé à payer une somme plus élevée, quand il est en demeure; car il ajoute : « *Quamvis crescat, si vinum hodiè pluris sit,* » mais que le nombre des objets de l'obligation n'est point augmenté par la demeure du vendeur.

J'affranchis un esclave que j'avais vendu avec son pécule; je ne suis pas tenu seulement du pécule tel qu'il était au moment de l'affranchissement, je dois en outre tout ce qui y serait entré, si cet affranchissement n'avait pas eu lieu, c'est-à-dire tout ce que l'esclave eût pu acquérir sans devenir libre, un legs, une hérédité, etc. S'il a fait d'autres acquisitions, de la nature de celles qui ne peuvent être faites que par des hommes libres, s'il a reçu des honoraires, si sa femme lui a constitué une dot, je cesse d'en être responsable. Mais je dois donner caution de restituer à l'acheteur tout ce que je recueillerai de l'hérédité de cet affranchi, quelle qu'en soit l'origine ; car l'acheteur y aurait eu droit, si c'était lui qui avait été le patron (1).

Ainsi entendue, l'obligation du vendeur peut être illimitée. La loi 1, pp. dit qu'elle comprend tous les dommages-intérêts, quand ceux-ci s'élèveraient au-dessus du prix de la chose vendue. Elle n'est même pas limitée au double de ce prix, du moins avant la constitution de Justinien, qui forme la loi unique au Code *de sententiis quæ pro eo*, et qui établit la limite du double pour toutes les obligations de dommages-intérêts résultant de contrats *qui certam habent quantitatem.*

Titius vend des matériaux sous une certaine peine, s'il ne les a pas fournis en entier à une époque déterminée. Il en touche le prix; il meurt après en avoir livré une partie.

(1) L. 23, h. t.

l'époque arrive. De quoi sera tenu son héritier? D'abord
de payer la peine par l'action *ex stipulatu*, puis de payer
les intérêts par l'action *ex empto*, surtout si l'acheteur,
ayant emprunté, a dû lui-même en payer de fort élevés (1).

Quand c'est une chance qui a été vendue, comment se
fait l'estimation? Le pêcheur refuse-t-il de jeter ses filets,
c'est la chance elle-même qu'on estime; refuse-t-il de livrer
les poissons qu'il a pris, c'est sa capture qu'il faut éva-
luer (2).

L'estimation varie selon le temps où on la fait; il est donc
fort important de déterminer le moment où il faut se placer
pour la faire.

Voici quelle est, sur ce sujet, la doctrine de Donneau.
Il faut distinguer si les parties sont convenues d'un terme
pour la tradition ou si elles n'en ont pas fixé. Dans le premier cas, on examine la valeur de la chose au jour où la
tradition a dû être faite, d'après une règle commune à toutes
les obligations de faire, règle posée par la loi 11 *de Re judicata*. Cette estimation n'est qu'un *minimum*; si la chose
a plus de valeur au moment où elle est demandée, où la
litiscontestation a lieu, le vendeur pourra être condamné
selon le prix de ce moment, c'est ce que décide la loi 3,
§. 3, de notre titre, qui donne l'alternative à l'acheteur.
Cette loi distingue deux moments, celui *quo vænitres* et celui
de la litiscontestation; les mots *quo vænit* indiquent, non
le jour de la vente, mais celui qui était fixé pour la tradition,
car Donneau pense que la vente est supposée avoir lieu au
moment où la tradition doit être faite, comme la loi 3 *de
Rebus auctoritate judicis* décide que les parties sont cen-
sées avoir contracté au lieu où l'argent doit être payé.

S'il n'y a pas de terme convenu, on estime la valeur de
la chose au moment de la litiscontestation, toujours d'a-
près la loi 11 *de Re judicata*, et l'on ne tient aucun compte
de la plus-value qui peut survenir après ce moment. Le
jurisconsulte applique par analogie, la loi 8, §. 1. *de Edendo*,

(1) L. 17. h. t.
(2) L. 12, h. t.

qui décide que lorsque l'*argentarius* a refusé de produire ses livres conformément à l'édit, l'intérêt de la partie adverse s'estime au moment où le préteur a rendu son édit.

Mais dans les obligations de donner, quand le juge est chargé d'en estimer les objets, ne condamne-t-il pas le défendeur à la plus haute valeur qu'ils ont eue jusqu'à la sentence même (1)?

Pourquoi ne pas appliquer ici la même règle? parceque dans les obligations de donner, l'objet de la demande est la chose due, qui doit toujours être livrée telle qu'elle est, d'où il résulte que lorsque l'estimation en doit être payée, elle doit toujours être payée telle qu'elle est. Dans notre hypothèse, ce que l'acheteur réclame, c'est l'estimation de l'intérêt qu'il a au moment où il agit, non de l'intérêt qu'il aura au moment où la sentence sera rendue : le droit qu'il réclame ne peut rester *in pendenti* (2).

Ainsi, d'après Donneau, quand il y a un terme, l'acheteur peut se placer soit au terme convenu, soit au jour de la litiscontestation ; quand il n'y en a pas, il doit se placer au jour de la litiscontestation. Ce qu'il peut réclamer, c'est l'estimation de son intérêt.

Mais le jurisconsulte lui accorde un autre droit bien important. Je vous vends dix tonneaux pour vingt pièces d'or, le vin monte, je les revends pour quarante pièces à un tiers ; il redescend à sa valeur primitive, quand vous agissez : vous pourrez réclamer quarante, parceque c'est à l'acheteur qu'appartient l'accroissement de valeur de la chose vendue. Ici il n'importe qu'il y ait un terme ou qu'il n'y en ait pas ; c'est la vente elle-même, ce n'est pas la demeure qui vous donne droit à l'accroissement de valeur. Mais je n'ai pas profité de la plus-value pour vendre le vin, vous en serai-je encore redevable? Oui, répond Donneau. C'est ma faute, si l'acheteur ne profite pas de cette plus-value, je devais ou lui livrer la chose, pour qu'il pût la vendre et en tirer un bénéfice, ou la vendre moi-même,

(1) L. 3, *de Condict. triticaria.* — L. 8, §. 1, *de condictione furtiva.*
(2) L. 35, *de Judiciis.*

en bon père de famille qui ne laisse pas échapper les occasions favorables. Le vendeur est tenu de sa faute, comme nous l'avons vu, non-seulement sur la chose vendue, mais sur toutes celles qu'il doit livrer en même temps (1).

Cette décision ne contredit pas celle que le jurisconsulte a rendue tout à l'heure, sur la nécessité d'apprécier l'intérêt de l'acheteur au moment de la litiscontestation. Ce n'est plus parce qu'il doit être désintéressé que l'acheteur agit, c'est parce que, comme acheteur, il a droit à l'accroissement de valeur de la chose vendue.

On oppose à ce système la loi 15 au Code qui décide qu'avant la demeure l'acheteur ne peut rien réclamer du vendeur au delà de la quantité de blé qu'il a achetée. Donneau répond que dans cette loi il s'agit de la vente à la mesure pour laquelle la demeure est nécessaire (2), et que d'ailleurs on ne demande rien au delà de la quantité vendue, quand on demande la plus-value acquise par cette quantité.

Cette doctrine nous semble mal fondée. Avant tout il faut remarquer que la loi 3, §. 3, de notre titre, ne donne à l'acheteur qu'une alternative, en cas de demeure du vendeur, « *utro tempore pluris vinum fuit, vel quo venit, vel quo lis in condemnationem deducitur.* » C'est dépasser les termes de cette loi que de rendre le vendeur responsable envers l'acheteur de toute plus-value acquise par la chose dans l'intervalle de la vente à la litiscontestation. Il n'importe guère que l'acheteur réclame cette plus-value à un autre titre qu'il ne fait l'estimation de son intérêt à l'un des deux moments que nous avons indiqués ; l'effet est toujours le même, effet exorbitant qui ne saurait être admis qu'en vertu d'un texte formel. Ce texte formel n'existe pas. Il faut donc appliquer la loi 3, §. 3, de notre titre, à moins que les mots « *utro tempore pluris vinum fuit* » ne soient devenus synonymes des mots « *quo res unquam plurimi fuit* », employés dans la loi 8, §. 1, *de condictione furtiva*. A plus forte raison faut-il délivrer le vendeur de cette lourde responsabilité, quand il

(1) L. 13, §. 16, h. t.
(2) L. 2, *Cod. de peric. et comm.*

n'est pas en demeure; la faire peser sur lui serait violer ma-
nifestement la loi 3, §. 4, de notre titre, sur laquelle nous
allons revenir.

Faut-il distinguer, comme fait Donneau, s'il y a ou s'il
n'y a pas un terme fixé? La fixation du terme en droit Romain met le débiteur en demeure; voilà pourquoi il est
important de savoir si les parties en ont déterminé un.
Mais le débiteur peut être constitué en demeure d'une autre
manière, par l'interpellation de l'homme (1) : les conséquences sont les mêmes. Ce qu'il faut examiner, c'est si le
vendeur est en demeure, et c'est ce que considère la loi 3,
§. 3, de laquelle Donneau s'est trop écarté.

Soit le vendeur en demeure; la loi 3, §. 3, décide que la
chose devra être estimée, « *utro tempore pluris fuit, vel
quo vænit, vel quolis in condemnationem deducitur.* » Sur le
sens des mots *quo vænit*, il y a quelque difficulté. Donneau
pense qu'ils signifient le temps où la tradition doit être
faite, Cujas qu'ils veulent dire le moment du contrat. Ce
dernier sens est peut-être le plus naturel. Quoiqu'il en soit,
la loi donne au vendeur une alternative. Il ne faut donc
pas invoquer la loi 21 *de Re judicata,* qui, supposant un
terme fixé dans une stipulation, veut que l'on s'en tienne
à ce terme pour l'estimation. Cette loi suppose un contrat
stricti juris, qui a pour effet de fixer irrévocablement le
droit du créancier, et notre loi s'occupe d'un contrat de
bonne foi qui permet au créancier de réclamer tout ce
qui lui sera dû *ex æquo et bono.*

L'alternative de l'acheteur est, selon Donneau, réduite
aux deux termes dont il est parlé dans notre loi 3, §. 3. Je
n'ai pas besoin de faire observer qu'il se contredit en n'admettant pas au moins que l'accroissement de valeur survenu même après la litiscontestation appartienne à l'acheteur. Mais il a méconnu une règle générale, posée par
Ulpien dans la loi 3, §. 2, *Commodati.* Dans les contrats de
bonne foi, on s'attache, pour estimer l'intérêt du demandeur, au moment de la sentence, quoiqu'on prenne dans

_____
(1) L. 32, pp. *de Usuris.*

les contrats de droit strict le moment de la litiscontestation. Ce dernier principe est nettement posé dans la loi 22
de Rebus creditis. La raison de cette différence est facile à
comprendre et Cujas l'explique fort bien. Dans un contrat
de droit strict, la litiscontestation détermine d'une manière
définitive le droit du demandeur. Dans un contrat de bonne
foi, au contraire, ce droit n'est déterminé qu'au moment
de la sentence, puisque c'est alors seulement que le juge
doit attribuer au demandeur ce qui lui paraît équitable. Il
ne faut pas dire que l'objet de la demande ne saurait rester
in pendenti : c'est le propre caractère des actions de bonne
foi que de laisser au juge le pouvoir de se placer au moment où il prononce. Donneau a détourné le sens de la loi 35
de Judiciis, qui décide seulement que l'instance ne peut être
formée avant qu'il ne soit dû quelque chose. On ne saurait
tirer argument de la loi 8, §. 1, *de Edendo,* qui ne suppose
pas une action intentée en vertu d'un contrat.

Il faut donc admettre, conformément aux principes généraux et malgré le silence de la loi 3, §. 3, que l'acheteur
pourra se placer au moment où la sentence sera prononcée.
La loi 3, §. 2, lui donne en outre le droit de se placer soit
au moment du contrat, soit au moment de la litiscontestation. Quand on n'admet pas que le vendeur doive la valeur de la chose, « *quo tempore unquam plurimi fuit,* » il
est fort important pour l'acheteur d'étendre l'alternative qui
lui est donnée.

Quand c'est l'acheteur qui est en demeure, l'estimation
se fait autrement. La loi 3, §. 4, de notre titre veut qu'elle
se fasse au moment de la litiscontestation. Cujas pense que
ce texte est trop peu favorable au vendeur. La loi ajoute
qu'on prendra pour estimer la chose le lieu où elle aura eu
sa moindre valeur, de celui *quo vænit,* ou de celui *quo
agitur.* Par analogie, Cujas pense qu'il faut également per-
mettre au vendeur de faire estimer la chose au moment où
elle aura eu sa moindre valeur, *vel quo vænit, vel quo
agitur.*

Pour déterminer le lieu où la chose doit être estimée, la
loi 3, §. 3 et 4, donne une alternative au vendeur, en cas de
demeure de l'acheteur, à l'acheteur, en cas de demeure du

vendeur. Le premier peut choisir le lieu où la chose a eu
sa moindre valeur, le second celui où elle a atteint son
prix le plus élevé, du lieu *quo vænit*, ou du lieu *quo agitur*.
Par les mots *quo vænit*, on peut entendre soit le lieu du
contrat, soit le lieu où la tradition devait être faite. Le lieu
de la *litiscontestatio* se confond avec celui où la sentence
est prononcée.

§. 2. Obligation de garantir la chose à l'acheteur.

I. Obligation de garantir l'acheteur contre les évictions
venant d'un tiers.

Le danger d'une éviction est celui qui doit préoccuper
le plus vivement l'acheteur, puisqu'une éviction peut lui
faire perdre la chose tout entière. Aussi les Romains ne
s'étaient-ils pas contentés de lui donner l'action *ex empto*;
ils lui permettaient encore de se ménager une autre ressource, celle de l'action *ex stipulatu duplæ*. Je n'ai à m'oc-
cuper que de la première, et je ne parlerai de la seconde
que pour faire ressortir les différences qui les séparent.

1. Éviction totale. Par l'action *ex empto*, l'on obtient
quod interest, c'est-à-dire, que l'acheteur se fait rembourser
l'estimation de l'intérêt qu'il aurait à posséder (1), estimation parfaitement distincte du prix payé jadis, qui peut le
surpasser (2), comme elle peut au contraire ne pas l'at-
teindre (3).

Ainsi, l'acheteur a fait des frais pour instruire un esclave
statuliber, qui se fait affranchir par le ministère du préteur (4). Le maître évincé a le droit de recourir contre l'héritier, non-seulement pour rentrer dans le prix qu'il a payé,
mais encore pour être indemnisé de ses frais, « car l'ac-

---

(1) L. 60, *C. de Evict.*, §. 23, *ibid.*
(2) L. 9, *C. de Evict.*
(3) L. 70, *C. de Evict.*
(4) L. 43, h. t.

4

tion *ex empto*, dit Paul, comprend non-seulement le prix, mais encore l'intérêt qu'a l'acheteur à n'être pas évincé de l'esclave. »

Que si, au contraire, l'esclave avait perdu de son prix entre les mains de l'acheteur, « *minuitur præstatio*, » celui-ci ne peut plus réclamer que la valeur actuelle (1).

Nous avons vu, en cherchant dans quel cas pouvait être exercée l'action *ex empto*, qu'il fallait que l'acheteur n'eût pas lui-même, par son fait et sa faute, amené l'éviction dont il se plaignait. Pour obtenir par cette action toute l'estimation de son intérêt, il faut même qu'il n'ait point, par sa faute, négligé les moyens que le droit lui donnait d'en recouvrer autrement une partie. Par exemple, vous m'avez vendu le terrain d'autrui ; j'y élève des constructions. Quand le vrai propriétaire se présente, je puis l'écarter en lui opposant l'exception de dol, tant qu'il ne consent pas à me rembourser les dépenses que j'ai faites pour ces constructions, dont il voudrait avoir le profit sans en supporter la charge. Si j'ai négligé cette exception, je ne pourrai plus demander au vendeur le remboursement qui aurait dû m'être fait par le revendiquant. Le vendeur ne doit pas souffrir de ma négligence. Mais si je n'ai pu opposer ce moyen, par exemple, parce que j'avais perdu la possession du terrain revendiqué, rien ne m'empêche d'exercer contre le vendeur l'action *ex empto* (2).

Mais il n'en est pas de cette estimation comme de celle à laquelle est condamné le vendeur qui n'opère point la tradition de la chose. Elle n'est pas illimitée. L'acheteur ne sera pas admis à répéter toute la valeur de l'esclave, si la plus-value est immense, si elle est telle que le vendeur, en contractant, en pesant les risques auxquels il s'exposait, n'ait pu penser à une somme si considérable. Par exemple un esclave, vendu pour un prix minime, est devenu cocher ou pantomime, il serait inique de forcer le vendeur, qui peut-être n'est pas riche, à payer une estimation élevée. Aussi

(1) L. 45, pp. h. t.
(2) L. 45, §. 1, h. t.

a-t-on décidé que la condamnation ne devrait pas excéder le double du prix de la chose. Il n'est pas difficile de comprendre pourquoi c'est au double qu'on s'est arrêté, la stipulation dont la vente était ordinairement accompagnée étant du double (1).

Ces réserves ne sont établies qu'en faveur du vendeur de bonne foi. Celui qui vend la chose d'autrui, sachant qu'elle ne lui appartient pas, est censé accepter tous les risques et périls qu'entraîne son acte frauduleux. Il ne pourra invoquer la limitation du double; il sera tenu à l'infini de la plus-value acquise par la chose vendue entre les mains de l'acheteur. Il ne sera pas non plus admis à soutenir que l'acheteur pouvait, en employant certains moyens, se faire rembourser des frais ou d'une partie des frais qui ont produit la plus-value; sa mauvaise foi lui enlève le droit de recourir à des règles établies en vue de l'équité et de la bonne foi (2).

Voilà donc quelle est la doctrine des jurisconsultes romains sur l'action *ex empto* employée en matière d'éviction. Ce que doit le vendeur, ce n'est pas le prix; c'est l'estimation de l'intérêt qu'avait l'acheteur à garder la chose qui lui a été enlevée; en principe, le vendeur devrait indemniser entièrement cet acheteur, à quelque somme que s'élevassent les dommages-intérêts, mais, comme la vente est un contrat de bonne foi, on n'a pas voulu qu'une plus-value sur laquelle le vendeur n'avait pu compter vînt lui imposer une charge excessive, sous laquelle il succomberait peut-être. On a décidé que les dommages-intérêts ne s'élèveraient pas au-dessus du double du prix. Le prix a donc servi uniquement à fixer une limite à l'obligation du vendeur.

N'y a-t-il point cependant des cas où l'action *ex empto* aboutira par exception à une restitution pure et simple du prix? C'est ce qui arrivera, selon Cujas, dans le cas où l'acheteur a l'action *ex empto*, quand il est évincé d'une chose qui ne saurait être estimée. La loi 48 suppose l'acheteur

(1) L. 44, h. t.
(2) L. 45, §. 1, h. t.

évincé du patronat; or le patronat et les droits qu'il engendre sont inestimables (1). Le prix devra être restitué à
l'acheteur. Dans cette hypothèse, le prix sert à déterminer
l'intérêt de celui-ci, puisqu'il ne peut être estimé autrement.

De même, si les parties sont convenues que le vendeur
n'aurait rien à fournir à l'acheteur du chef de l'éviction, il
devra lui restituer le prix, « car un contrat de bonne foi
n'admet pas une convention, par laquelle l'acheteur perdrait
la chose, pendant que le vendeur retiendrait le prix (2). »
Le jurisconsulte ajoute cependant, et nous avons déjà dit,
que la nature du contrat de bonne foi admettait une pareille
convention, pourvu qu'elle fût conçue en termes exprès.
Quelques interprètes argumentent des derniers mots de la
loi pour soutenir qu'Ulpien restreint au vendeur de mauvaise foi la décision générale de Julien. Mais Pothier pense
que les deux jurisconsultes imposent également au vendeur
de bonne foi, comme à celui de mauvaise foi, l'obligation
de restituer le prix qu'il a touché.

L'acheteur peut donc avoir un intérêt éventuel à exclure
la garantie. Si la chose a diminué de valeur, tandis qu'il
l'a eue en sa possession, la clause lui assure du moins la
restitution intégrale du prix qu'il a versé entre les mains
du vendeur.

Quand le vendeur était poursuivi parce qu'il n'avait pas
livré la chose, comme il y était obligé, il pouvait, nous
l'avons dit, se faire absoudre en opérant la tradition
avant la litiscontestation, en désintéressant le demandeur
après la litiscontestation. Lorsqu'on agit contre lui pour
se faire indemniser de l'éviction qu'on a souffert, il n'est
plus admis à offrir la chose même dont on a été évincé,
par exemple l'esclave qui a été réclamé par son maître.
En effet il n'a plus qu'une obligation, celle de désintéresser complètement l'acheteur.

Le nom même de l'action *ex stipulatu duplæ* indique
suffisamment ce que peut obtenir l'acheteur qui s'en sert.

___

(1) L. 5, *in fin. præscr. verbis.* — L. 126, *de Regulis juris.*
(2) L. 11, §. 18, h. t.

Il a droit au double du prix de la chose vendue. On comprend combien cette action, quand on peut s'en servir, est plus avantageuse que l'action *ex empto*. Par cette dernière on ne peut obtenir plus du double, et l'on peut obtenir beaucoup moins; il est même possible que le vendeur soit condamné à une somme inférieure au prix qu'il a reçu. D'un autre côté cependant l'action *ex stipulatu* ne peut s'élever au-dessus du double qui a été stipulé, l'action *ex empto* donne droit à des dommages-intérêts *in infinitum*, lorsque le vendeur a été de mauvaise foi.

Cette limite ne saurait être franchie sous aucun prétexte. Celui qui a obtenu le double du prix ne peut plus rien demander « *altarum rerum nomine de quibus in vendilionibus caveri solet* (1). » Selon Cujas, si, avant que la stipulation ne fût commise, l'acheteur a déjà obtenu quelque chose, par exemple, parce que l'esclave était fugitif au jour de l'éviction, il pourra seulement faire compléter le double.

Dumoulin a sur l'action *ex empto* une théorie toute différente de celle que nous venons de développer. Nous en parlerons en détail en traitant de l'éviction en droit français, car les articles de notre Code qui règlent le recours de l'acheteur évincé en tirent leur origine. Le vendeur devrait d'abord restituer le prix, puis payer, s'il y avait lieu, des dommages-intérêts. Dumoulin se fondait sur ce que le prix, ayant été payé sans cause, ne pouvait être retenu. Mais cela est faux : ce n'est pas parce qu'il veut avoir la chose que l'acheteur paie le prix, c'est parce qu'il en est débiteur : la restitution qu'il en ferait ne pourrait servir qu'à réparer le dommage causé. Dans l'opinion de Dumoulin, les mots « *damnum emptoris erit* » de la loi 70 *de Evict.* sont impropres. L'acheteur ne peut rien perdre, puisqu'il est toujours sûr que le prix au moins lui sera restitué. Ce système est condamné formellement par la loi 66, §. 3, *de Evict :* « *ut quanti sud interest actor consequatur, scilicet ut melioris aut deterioris agri facti causa finem pretii, quo fuerat tempore divisionis æstimatus, deminuat*

_____

(1) L. 11, §. 14, h. t.

vel excedat. » Ce texte se rapporte à l'action *præscriptis
verbis* donnée au copartageant ; pourquoi aurait-on distingué entre la vente et le partage, quand le partage est soumis aux règles de l'échange, les mêmes que celles de la
vente ?

2. Éviction d'une part indivise.

Dans l'action *ex stipulatu duplæ*, le dommage s'évalue
selon le prix de la chose, au moment de la vente. Dans
l'action *ex empto* au contraire, c'est au moment [de l'éviction que s'examine la valeur du fonds vendu (1). La diminution de cette valeur profite au vendeur, comme l'accroissement retombe à sa charge.

3. Éviction d'une part divise. Dans l'action *ex empto*,
la valeur de cette part s'estime au moment de l'éviction. Dans l'action *ex stipulatu*, le vendeur est condamné à payer le double de ce qu'elle était au moment de la
vente 2.

— Si l'acheteur a obtenu la tradition de la chose sans
avoir payé le prix en entier, qu'obtiendra-t-il quand il
sera évincé ? Il faudra déduire de la somme à laquelle il
a droit celle dont il est demeuré redevable envers le vendeur. C'est en ce sens qu'on doit entendre la loi 11, §. 9,
de notre Titre.

II. Obligation de garantir l'acheteur contre les vices de
la chose.

Cette obligation est imposée au vendeur de bonne foi
comme à celui de mauvaise foi. Mais ils ne subissent pas
l'un et l'autre la même condamnation, lorsqu'ils ont livré
une chose où se trouvent certains vices.

Celui qui a vendu des bêtes malades ou du bois pourri
est tenu *quanto minoris*, s'il était de bonne foi, c'est-à-
dire, qu'il doit à l'acheteur la différence du prix payé par
celui-ci au prix qu'il aurait payé s'il avait connu le vice.
Si, au contraire, il était de mauvaise foi, il indemnise l'a-

(1) L. 70, de *Evict.* L. 66, §. 3, *ib.*
(2) L. 13, C. de *Evict.*

cheteur de tous les dommages qui sont résultés de la vente; si le vice du bois a fait tomber une maison, si la contagion s'est mise dans le troupeau et l'a fait périr, il doit le prix de la maison, le prix du troupeau. L'esclave a engagé ses compagnons d'esclavage à fuir, il a dérobé certains objets : tout le dommage retombe sur le vendeur (1). Mais la chute de la maison, la perte du troupeau, ce sont des dommages *quæ non circa ipsam rem consistunt*, comme s'exprime la loi 21, §. 3, de notre Titre. Qu'importe? La loi 21, §. 3, s'occupe de la demeure du vendeur, mais la mauvaise foi n'est-elle point pour être plus sévèrement punie que la demeure?

Il y a un cas où le vendeur de bonne foi lui-même est tenu des dommages-intérêts de l'acheteur, c'est celui de vente de vases ou de tonneaux (2) qui ne sont pas entiers; tel est du moins l'avis de Labéon, suivi par Pomponius. Dans ce cas, l'ignorance du vendeur est inexcusable.

§. 3. Obligation d'être exempt de dol.

I. Au moment du contrat de vente.

A. *Dissimulation.* 1. Le vendeur dissimule le nom du vrai propriétaire de la chose qu'il vend. S'il est de mauvaise foi, il doit rembourser à l'acheteur de bonne foi, même avant l'éviction, l'estimation de l'intérêt [que celui-ci aurait à être devenu propriétaire de la chose vendue (3).

2. Le vendeur dissimule certains vices de la chose vendue. L'acheteur de bonne foi a droit à l'estimation de l'intérêt qu'il avait à les connaître (4), c'est-à-dire, à la différence du prix qu'il a payé avec le prix qu'il aurait payé s'il les avait connus. Le vendeur est tenu *quanto minoris*; en outre, si les vices sont compris dans la liste des édiles, l'action rédhibi-

---

(1) L. 13, pp. et §. 2, h. t.; Cf. l. 45, *de Contr. empt.*

(2) L. 6, §. 4, h. t.; l. 19, §. 1, *Locati.*

(3) L. 30, §. 1, h. t.

(4) L. 1, pp. h. t.

toire peut être exercée. La loi 11, §. 5, statuant sur un cas
où le demandeur n'a point l'action édilitienne, admet que
l'action *exempto* aura pour effet de forcer le vendeur à ra-
cheter la chose (1).

5. Le vendeur qui dissimule les charges dont est grevée
la chose vendue, et en général ce que l'acheteur a intérêt
à savoir (2), est tenu *quanto minoris* envers l'acheteur.

B. *Mensonge.* Les règles sont les mêmes pour le mensonge que pour la dissimulation. La loi 9 du Code *de act.
empti*, supposant qu'un vendeur a faussement indiqué une
capitation inférieure à celle que doit le fonds vendu, décide qu'il sera tenu « *in quantum si scisset emptor ab initio,
minus daret pretii.* »

II. Après la vente.

Le vendeur est tenu envers l'acheteur du dommage qu'il
lui a causé par son dol. « *Ut dolus malus ejus æstimaretur,* »
dit la loi 68, §. 2, *de contr. emptione.*

§. 4. Obligation de livrer à l'acheteur les fruits produits
par la chose depuis la vente.

Il faut appliquer ici les règles générales que nous avons
vues plus haut sur les actions de bonne foi.

§. 5. Obligation de faire certaines promesses.

Ces promesses sont au nombre de trois : *Cautio de re vendita; cautio de vitiis et morbis rei venditæ, stipulatio duplæ.* A quoi était condamné le vendeur qui les refusait ?
Nous n'avons de texte que pour la dernière : « *Si dupla non
promitteretur, et eo nomine agetur, dupli condemnandus est
reus* » (3), le vendeur sera condamné au double du prix,
c'est-à-dire à l'estimation de l'intérêt qu'aurait l'acheteur à
recevoir la promesse du vendeur.

(1) L. 11, §. 3, h. t.
(2) L. 9, *de Peric. et comm.*
(3) L. 2, *de Evict.*

Il n'y a aucune raison pour ne pas étendre cette décision aux deux autres promesses : l'acheteur, dans les deux cas, obtiendra par l'action *ex empto* l'estimation de l'intérêt qu'il aurait à recevoir les promesses qui lui sont indûment refusées par le vendeur.

Article II. Obligations imposées au vendeur par le contrat spécial de vente ou par une convention accessoire à ce contrat.

§. I. Obligations du vendeur relatives à la chose vendue.

I. Le vendeur doit fournir la quantité qu'il a promise. Il est tenu de désintéresser l'acheteur auquel il ne la fournit pas en proportion du nombre d'arpents qui manquent (1). On ne peut estimer la qualité du terrain quand c'est le terrain lui-même qui fait défaut. L'acheteur a l'action *quanto minoris.*

Mais le vendeur de mauvaise foi était, au moins au temps des jurisconsultes, tenu plus sévèrement. « En cas de vente d'un fonds, dit Paul (2), celui qui fait une déclaration mensongère sur la mesure est tenu *in duplo ejus quod men-titus est*, au double de la portion qu'il a déguisée, sur l'estimation faite par le juge. »

Le même jurisconsulte (3) nous apprend que la peine du double était également établie contre le vendeur qui niait avoir promis une plus grande quantité que celle qu'il avait livrée.

Ces deux actions au double semblent avoir été abolies du temps de Justinien, qui n'en parle plus dans ses compilations. Cujas pense que le vendeur était condamné au double dans un cas unique, celui où il niait faussement avoir promis une quantité supérieure à celle qu'il avait fournie.

(1) L. 4, §. 1, h. t. — L. 69, §. 6, de *Évict.*
(2) *Sent.* II, XVII, 4.
(3) *Sent.* I, XIX, t. pp.

II. Le vendeur doit fournir la qualité qu'il a promise, sinon, il est tenu *quanto minoris*, qu'il soit de bonne ou de mauvaise foi (1), pourvu qu'il ne s'agisse pas des vices dont nous avons parlé art. 1, §. 2, n. 2. Paul, qui donne la même décision (2), ajoute cette restriction « *nisi paratus sit eum servum redhibere.* » Redhibere, selon Cujas, s'entend également bien du vendeur et de l'acheteur, et la phrase signifie soit que le premier peut écarter la poursuite en rachetant l'esclave, soit que le second peut exercer l'action *redhibitoria*. L'action *quanto minoris* peut aboutir au rachat, par exemple, quand l'esclave n'a aucune valeur, quand l'acheteur n'a aucun intérêt à le garder (3).

III. Le vendeur doit livrer la chose au lieu et au terme convenus. — Nous avons déjà vu quelle était l'importance du terme quand il s'agissait d'estimer l'intérêt de l'acheteur. Pour le lieu de la livraison, il peut n'être pas fixé, être fixé par une convention soit expresse, soit tacite. Je vous vends du vin qui est à Brindes, nous sommes censés convenir qu'il vous sera remis dans cette ville (4). Quand le lieu de la livraison est déterminé par les parties, il remplacera le lieu du contrat dans l'alternative laissée soit au vendeur, en cas de demeure de l'acheteur, soit à l'acheteur, en cas de demeure du vendeur, au moins selon l'opinion de ceux qui entendent par *quo vænit res* le lieu du contrat et qui pensent que ce lieu est un des termes de l'alternative.

§. 2. Obligations du vendeur ayant pour objets certaines choses accessoires à la chose vendue.

Le vendeur est tenu des accessoires comme de la chose principale. La seule différence a trait à l'action *ex stipulatu duplæ* que l'acheteur ne peut exercer quand il est évincé

(1) L. 13, §. 4, h. t.
(2) II, XVII, 6.
(3) L. 43, §. 6. de . *Ed. ed.*
(4) L 3, §. 4, h. t.

des accessoires (1). Cela se comprend, la stipulation du double n'était usitée que pour les choses précieuses; et, comme elle était *strict juris*, elle ne pouvait être étendue à un objet différent de celui en vue duquel elle avait été faite. Or, les accessoires ne sont ni la chose vendue ni une partie de cette chose.

§. 3. Obligations du vendeur dérivant d'un pacte accessoire au contrat de vente.

Des arrhes ont été données; celui qui les réclamait devait obtenir « *quidquid ob eam rem dare facere oportet* (2). »

En résumé, 1° le vendeur qui ne livre pas doit payer à l'acheteur l'estimation de l'intérêt qu'aurait celui-ci à ce que la chose lui eût été livrée, mais seulement l'intérêt immédiat et direct, *quod circa rem consistit*; il en est tenu *in infinitum*;

2° Le vendeur doit à l'acheteur évincé, soit de la totalité, soit d'une partie divise ou indivise de la chose vendue, l'estimation de l'intérêt qu'aurait cet acheteur à posséder la chose; cette estimation ne saurait s'élever au-dessus du double du prix, et il en peut déduire ce que l'acheteur a négligé de se faire rembourser par d'autres personnes; mais il faut qu'il ait été de bonne foi. Le vendeur n'est forcé de restituer le prix même que dans deux cas, celui où la chose évincée n'est pas appréciable en argent, et celui où les parties ont formellement exclu la garantie.

3° Le vendeur qui a livré à l'acheteur une chose affectée de certains vices est tenu *quanto minoris* s'il est de bonne foi (sauf un cas unique), est responsable *in infinitum* des dommages-intérêts de l'acheteur, même de ceux *quæ non circa rem consistunt*, s'il est de mauvaise foi.

4° Le vendeur qui dissimule sciemment le nom du vrai

---

(1) L. 11, §. 17, h. t. — L. 16, pp. de *Evict.*
(2) Gaius IV, 17.

propriétaire de la chose vendue est tenu des dommages-intérêts de l'acheteur.

5. Le vendeur qui dissimule certains vices de la chose vendue, certaines charges dont elle est grevée et en général ce que l'acheteur aurait intérêt à savoir, est tenu *quanto minoris*. L'action *quanto minoris* peut, dans certains cas, aboutir au même résultat que l'action *redhibitoria*.

6. Le vendeur qui a mensongèrement déclaré des charges inférieures à celles qui pèsent réellement sur la chose est tenu *quanto minoris*.

7. Le vendeur, coupable de dol après la vente, est tenu des dommages-intérêts de l'acheteur.

8. Le vendeur qui refuse de faire certaines promesses est condamné à l'estimation de l'intérêt qu'aurait l'acheteur à les obtenir.

9. Le vendeur qui ne fournit pas la quantité, ou la quotité qu'il a promises, est tenu *quanto minoris*, qu'il soit de bonne ou de mauvaise foi.

Il y a donc trois degrés de responsabilité : le vendeur est tantôt tenu des dommages-intérêts de l'acheteur *in infinitum*, tantôt tenu de ces mêmes dommages-intérêts, mais dans de certaines limites, tantôt tenu *quanto minoris*, et subsidiairement exposé à subir les conséquences de l'action rédhibitoire. Il est difficile, pour ne pas dire impossible, de poser une règle absolue et de dire dans quelles circonstances en général la jurisprudence avait imposé telle ou telle responsabilité au vendeur. On tenait compte de deux éléments, la gravité du dommage éprouvé par l'acheteur, la bonne ou la mauvaise foi du vendeur. Aussi le vendeur de bonne foi répondait de l'estimation de l'intérêt de l'acheteur, jusqu'au double du prix, en cas d'éviction, à cause de la gravité du dommage. Au contraire, le vendeur de mauvaise foi était tenu seulement *quanto minoris*, en cas de dissimulation de certaines charges, parce que le dommage semblait peu considérable.

On peut s'étonner que le vendeur de mauvaise foi ne soit pas toujours responsable de tous les dommages que son dol a fait éprouver à l'acheteur. Par exemple, pourquoi celui qui trompe l'autre partie sur la mesure ou sur les qualités de l'objet qu'il lui vend est-il tenu *quanto minoris,* tandis que celui qui vend sciemment une bête malade ou du bois pourri est responsable *in infinitum* même des dommages *quæ non circa rem consistunt ?* Si l'on considère avec attention les cas où est donnée l'action *quanto minoris,* on reconnaîtra sans doute qu'elle suffit ordinairement à désintéresser l'acheteur : par exemple, je déclare une fausse mesure, l'acheteur aurait intérêt à savoir la vérité, parce qu'il paierait moins ; il en sera de même si j'affirme faussement une capitation inférieure à celle que paie mon fonds de terre. Pour punir le dol, dans le cas où le vendeur vend une chose affectée de certains vices graves, il a fallu étendre sa responsabilité même aux dommages indirects. L'action *quanto minoris* est fondée sur une présomption que le seul dommage éprouvé par l'acheteur consiste à payer trop cher la chose vendue.

APPENDICE. Il peut arriver que plusieurs actions *ex empto* se réunissent sur la même tête. Titius vend le même fonds à deux personnes ; il est également obligé envers l'une et l'autre à livrer la chose ou à fournir l'estimation de l'intérêt qu'elles auraient à ce que la chose leur fût livrée. L'une d'elles devient héritière de l'autre. Si elle agit avant de faire adition, elle peut obtenir le bénéfice qui résulte des deux actions ; elle se fera payer d'abord l'estimation de son propre intérêt, puis, après avoir fait adition, l'estimation de l'intérêt de l'acheteur mort. Si, au contraire, elle fait adition avant d'agir, les deux actions se confondent en une seule. Mais, dit la loi, « *unam actionem movere potest, sed ita ut per eam utriusque contractus sentiat commodum.* » Qu'est-ce à dire ? Et s'il en est ainsi, pourquoi distinguer les deux hypothèses ? Remarquons bien les expressions dont se sert la loi : « *Commodum utriusque contractûs.* » L'un et l'autre contrat, l'une et l'autre action procurent le même avantage, à savoir, l'estimation de l'intérêt de celui qui l'exerce. Mais la loi ne dit pas que l'acheteur profitera du double avantage qui peut résulter des deux actions. (L. 10, h. t.)

La réunion de deux actions *ex empto* peut arriver d'une autre manière. Deux personnes ont successivement vendu la même chose au même acheteur. L'une d'elle devient héritière de l'autre. Quel sera le droit de l'acheteur? La loi dit que celui des deux vendeurs qui hérite de l'autre doit « *duas evictiones præstare.* » Mais il faut restreindre cette décision au cas où l'acheteur agit avant que ce vendeur n'ait fait adition d'hérédité. Une fois l'adition faite, les deux actions sont confondues, les deux dettes n'en forment plus qu'une seule.

CHAPITRE II.

De l'action *venditi.*

J'examinerai tour à tour à quelles conditions le vendeur peut agir *ex venditto* et ce qu'il peut obtenir par cette action.

Section 1.

A quelles conditions l'action *venditi* peut-elle être exercée?

Il faut que le vendeur ne soit pas lui-même en demeure de livrer la chose, sinon il serait repoussé par l'exception *si ea pecunia, quâ de agitur, non pro ea re petitur, quæ venit, neque tradita est* (1).

Il ne saurait agir, si la chose vendue est telle qu'il y ait lieu à l'action rédhibitoire. Supposons deux esclaves vendus pour un seul prix; nous avons déjà vu cette hypothèse et nous avons dit que chaque esclave était considéré comme

(1) L. 25, h. t.

faisant l'objet d'une vente spéciale. Il y a lieu à l'action rédhibitoire pour l'un d'eux. Le vendeur ne saurait être admis
à réclamer la totalité du prix, mais il peut en demander
une partie, sauf le cas où le vice d'un des esclaves ouvre
l'action rédhibitoire pour tous les deux (1).

L'exercice de l'action *venditi* est impossible, quand le
droit de l'acheteur est contesté. Par exemple, l'héritier
pour une part achète de son cohéritier la part qui revient
à celui-ci, puis un tiers prétend que le testament est faux.
Le cohéritier vendeur n'est pas admis à réclamer le prix de
la vente (2). Mais le prix, une fois payé, n'est pas restitué
sur le seul prétexte qu'un procès est soulevé (3).

Dans cette hypothèse, le vendeur peut se faire payer le
prix, en offrant des fidéjusseurs qui en garantissent la restitution, pour le cas où l'éviction serait prononcée (4).

La loi 5, § 4, *de Doli mali et metus exceptione*, suppose un
esclave vendu par un tiers à qui le maître en a donné la
permission, puis racheté par ce maître. Le vendeur qui réclame le prix, l'eût-il payé lui-même au maître, est repoussé
exceptione redhibitionis.

Enfin, le vendeur qui ne m'a pas rendu propriétaire,
parce qu'il ne l'était pas lui-même, ne saurait obtenir le prix
convenu, quand même je serais devenu propriétaire en
traitant avec un tiers; sans doute j'ai la chose, mais ce
n'est pas en vertu *de la vente* (5).

Section II.

Que peut-on obtenir par l'action *venditi*?

Le vendeur peut réclamer : 1° le prix; 2° les accessoires
du prix; 3° les intérêts; 4° l'enlèvement de la chose; 5° les

(1) L. 50, *de Æd. ed.*
(2) L. 17, § 2, *de Doli mali et metus.*
(3) L. 74, § 2, *de Evict.*
(4) L. 18, § 1, *de peric. et Comm.*
(5) L. 29, pp. *de Evict*

frais qu'il a faits pour la chose vendue ; 6° tous les avantages que l'acheteur a obtenus à l'occasion de la chose vendue, sans y avoir droit ; 7° il peut se faire indemniser du dol ; 8° faire exécuter les clauses spéciales.

§. 1. Prix.

L'acheteur doit transférer au vendeur la propriété des pièces de monnaie qu'il lui donne en paiement (1). Son obligation n'est donc pas de la même nature que celle du vendeur, qui s'oblige seulement à lui faire avoir la chose. On donne pour raison de cette différence que l'objet vendu est un corps certain, tandis que les pièces de monnaie sont des choses fongibles. Or, il n'est pas toujours possible de se procurer et de transférer à autrui la propriété d'un corps certain ; au contraire, on peut ordinairement avoir la propriété des choses fongibles ; puisqu'elles se remplacent les unes les autres.

Vous vendez des esclaves et le prix qu'on vous paie est pris sur leur pécule qui vous appartient ; vous le recevez, n'en connaissant pas l'origine. Vous n'en avez pas moins le droit d'agir pour vous faire payer ; car l'acheteur n'a pu vous transférer la propriété de pièces de monnaies dont vous étiez déjà propriétaire (2).

Il faut remarquer que cette loi exige la bonne foi du vendeur pour qu'il garde le droit d'agir *ex vendito*. Quoi donc ? Est-il devenu propriétaire, a-t-il été payé parce qu'il a su qu'on lui remettait des pièces qui lui appartenaient ? Non, sans doute. Mais, s'il n'est payé, il est satisfait, et la satisfaction équivaut au paiement (3).

Le vendeur peut demander ce qu'il a cru faussement avoir sujet de compenser (4). L'exception *pacti* serait écartée par la réplique de dol. La loi 2 du Code a l'air de

(1) L. 11, §. 2, h. t.
(2) L. 7, Cod.
(3) L. 52, *de solut.*
(4) L. 2, C. h. t.

restreindre cette décision aux contrats de bonne foi : « *in bonæ fidei contractu.* » Mais celui qui s'oblige par erreur en réponse à une stipulation a également la réplique de dol (1). Pourquoi donc les mots : « *in bonæ fidei contractu,* » ont-ils été ajoutés dans la loi? parce que les empereurs disent que le promettant sera secouru par le juge, « *officio judicis,* » ce qui veut dire que le moyen pourra être proposé même après la litiscontestation. En effet, le droit de tenir compte de l'exception du dol est inhérent au pouvoir du juge (2) dans les actions de bonne foi.

Si l'acheteur s'est engagé à fournir au vendeur dix par an, ou l'habitation pendant sa vie, et que le choix lui appartienne, il peut offrir une année les dix, une autre année l'habitation (3).

§. 2. Accessoires du prix.

Nous comprenons sous cette expression tout ce que l'acheteur s'est engagé à faire ou à fournir.

Ainsi je vous ai vendu et livré un terrain, à condition que vous m'en livreriez à votre tour la moitié, quand vous y auriez élevé des constructions. Je puis agir *ex vendito* et pour vous forcer à construire, et, une fois que vous aurez construit, pour vous contraindre à me livrer la moitié du fonds (4).

Les deux parties conviennent que si l'acheteur ou son héritier vend la chose plus cher qu'il ne l'a achetée, il donnera au vendeur la moitié de la différence : ce vendeur aura l'action *venditi* (5). Elles pouvaient convenir en sens inverse, que si l'acheteur perdait en vendant la chose à son tour, le vendeur supporterait la moitié de la perte (6).

(1) L. 36, *de verb. oblig.*
(2) L. 38 et 58, *de Hered. pet.* — L. 3, *de Rescind. vend.*
(3) L. 21, §. 7, h. t.
(4) L. 6, §. 2, h. t.
(5) L. 13, §. 24, h. t.
(6) L. 12, §. 3, *de Pactis. dot.* — Cf. L. 13, §. 30. h. t.

Enfin l'action *venditi* garantit l'engagement pris par l'acheteur de louer la chose au vendeur, moyennant un prix fixé (1), de ne revendre la chose qu'à lui (2).

Tous ces pactes, ajoutés *ex continenti* au contrat d'achat et vente, en prennent les caractères.

§. 3. Intérêts du prix.

L'acheteur doit les intérêts du prix du jour de la tradition (3). Quand il a payé le prix, il a droit aux fruits du jour de la vente, comme nous avons vu plus haut, parce que, les risques de la chose étant pour lui, il est juste qu'il profite des avantages qu'elle peut donner.

Le prix n'est pas aux risques du vendeur : il n'en doit toucher les intérêts que du jour où il permet à l'acheteur, en lui remettant la chose vendue, d'en percevoir les fruits (4). La condition paraît suffisamment remplie, si la possession même précaire est livrée à l'acheteur. D'ailleurs tout débiteur ne doit d'intérêts que lorsqu'il est en demeure; la demeure suffit dans les contrats de bonne foi, mais elle est nécessaire. Elle résulte de la livraison de la chose vendue.

La loi 3 au Code, semble exiger une condition de plus. Elle est ainsi conçue : « Le président de la province prendra soin de forcer l'acheteur, qui, ayant eu la possession, a payé les fruits, à restituer la partie du prix qu'il a entre les mains, avec les intérêts produits par la perception des fruits et par la faveur accordée à la minorité, quand même il n'y aurait pas eu de demeure. » A un mineur de vingt-cinq ans les intérêts sont dus sans demeure, par cela seul que le débiteur ne paie pas (5). Il semble donc qu'il faille deux conditions pour que l'acheteur soit redevable des in-

(1) L. 21, §. 4, h. t.
(2) L. 21, §. 5, h. t.
(3) L. 12, §. 20, h. t.
(4) *Ib.* p. 21.
(5) L. 3. Cod. *Ex quibus causis in integrum.*

térèts, 1° que la chose lui ait été livrée ; 2° qu'il soit mis en
demeure, si son créancier est majeur de vingt-cinq ans, ou
qu'il ait un créancier mineur de vingt-cinq ans, ce qui
équivaut à une mise en demeure.

La loi 2, au Code *de Usuris*, et notre loi 13, §. 20, se con-
tentent d'une seule condition, la tradition de la chose vendue.

On peut concilier ces différents textes au moyen d'une
distinction. La tradition suffit, quand le vendeur, en livrant
la chose, n'entend pas suivre la foi de l'acheteur, et ne
songe qu'à toucher le prix convenu ; la tradition équivaut
à une interpellation. Que si le vendeur a promis d'attendre,
il ne constitue pas le débiteur en demeure (1).

Mais le vendeur ne peut rien réclamer au delà des intérêts. Il ne saurait être admis à prétendre que, s'il avait
touché le prix, il eût pu faire une opération heureuse et
réaliser des bénéfices considérables (2).

Les intérêts dûs par l'acheteur ne peuvent s'élever au-
dessus du taux légal. Il ne sera pas permis aux parties de
convenir que l'acheteur paiera le double du prix, s'il ne
s'est pas acquitté au terme convenu (3). Cette convention
porterait les intérêts à un taux usuraire.

Une fois le capital payé, même après la demeure de l'a-
cheteur, le vendeur ne peut plus réclamer les intérêts ; le
paiement éteint sa créance ; les intérêts ne sont pas dûs en
vertu d'une convention, mais par suite du pouvoir du juge ;
or le juge ne peut plus rien ordonner relativement au prix,
quand il est payé (4). Il en serait de même si le juge avait
seulement condamné l'acheteur au paiement du capital (5).

§. 4. Enlèvement de la chose vendue.

L'acheteur peut être forcé *ex vendito* d'en lever la chose
vendue (6).

(1) L. 32, §. 1, *de Usuris.*
(2) L. 19, *de Contr. empt.*
(3) L. 13, §. 26, h. t.
(4) L. 49, §. 1, h. t.
(5) L. 4, *C. Depositi.*
(6) L. 9, h. t.

§. 5. Frais faits par le vendeur pour la chose vendue.

Par exemple le vendeur a fait des dépenses pour la maison vendue : il a soigné un esclave malade; il lui a fait donner des leçons, suivant l'intention de l'acheteur : il a célébré ses funérailles (1).
Mais il ne pourra répéter la nourriture de l'esclave qu'après la demeure de l'acheteur (2).

§. 6. Avantages indûment perçus par l'acheteur à l'occasion de la chose vendue.

Par exemple l'esclave vendu a dérobé son pécule et l'a porté à l'acheteur, celui-ci a reçu avec la chose vendue les fruits qu'elle avait produits avant la vente (2). Le vendeur peut les répéter par l'action *venditi*.
Mais ce même vendeur n'a-t-il pas l'action *ad exhibendum* et par conséquent la revendication pour répéter les choses qui n'étaient pas comprises dans la vente (4)? Il est vrai ; il est propriétaire de ces choses, et à ce titre, il peut les revendiquer par l'action *in rem*, mais il en est aussi créancier, et à ce titre, il peut les réclamer par une action personnelle; sa position est analogue à celle du déposant, du commodant.

§. 7. Dol de l'acheteur.

L'acheteur soustrait un certain nombre d'effets héréditaires, puis demande à l'héritier de lui vendre l'hérédité, pour un prix proportionné à la valeur qu'elle a, étant ainsi

(1) L. 13, §. 22, h. t. — L. 16, C. h. t.
(2) L. 38, §. 1.
(3) L. 2, C. h. t.
4) L. 17, §. 6, h. t.

diminuée. Le vendeur qui s'est laissé abuser aura le droit de recourir contre lui par l'action *venditi* (1).

Mais pour que le dol donne lieu à l'action *venditi*, il faut qu'il s'agisse d'une chose qui a été comprise dans la vente. Un acheteur apporte de faux poids et se fait remettre une quantité d'huile supérieure à celle qu'il avait achetée. L'excédant n'a pas été vendu et ne peut donner lieu à l'action *venditi :* le vendeur surpris n'aura, selon Cujas, que la *condictio indebiti* (2).

§. 8. Convention spéciale ajoutée à la vente.

L'acheteur s'est obligé à fournir un garant solvable; il est tenu *ex vendito* de remplir son obligation (3).

En effet, le pacte ajouté *ex continenti* au contrat de vente en prend les caractères.

Il n'est pas nécessaire que le vendeur ait un intérêt pécu-niaire à l'exécution de la clause. Nous sommes convenus que l'esclave que je vous vendais ne serait pas prostituée; elle l'est; je puis agir pour vous faire condamner selon l'appréciation de l'intérêt d'affection que j'avais à ce que la clause fût respectée (4). Mais il faut que l'intérêt du ven-deur soit honnête et pieux. S'il y avait eu dans la pensée du vendeur un désir de vengeance, si, par exemple, il avait vendu un esclave, en exigeant qu'on le menât hors d'Italie, il faudrait une stipulation et une peine pour donner un effet à cette convention. « *Nec videntur hæc inter se contra-ria esse*, dit Papinien, *cum beneficio afficit hominem intersit hominis : enimvero pœnæ non irrogatæ indignatio solam duritiem continet* » (5).

— L'exercice de l'action *ex vendito* empêche-t-il le vendeur

(1) L. 13 , §. 5, h. t.
(2) L. 32 , h. t.
(3) L. 13, §. 23, h. t.
(4) L. 6 *de serv. export*
(5) L. 7, *ib.*

de faire valoir les autres droits qu'il peut avoir ? L'acheteur
s'est obligé sous une certaine peine à faire quelque chose ;
il n'exécute point son obligation. Le vendeur peut agir *ex
vendito*; s'il obtient ainsi ce qu'il avait stipulé *pœnæ nomine*,
et qu'il agisse *ex stipulatu*, il sera écarté par l'exception
de dol; que s'il a obtenu par l'action *ex stipulatu* tout ce
qu'il serait en droit de réclamer par l'action *ex vendito*, il
ne peut plus invoquer cette dernière action. Mais, quelle
que soit celle des deux actions par laquelle il commence,
il peut exercer l'autre ensuite, s'il y a intérêt (1).

(1) L. 28, h. t.

DROIT FRANÇAIS.

De la garantie en cas d'éviction de l'acheteur.

Domat définit l'éviction « la perte que souffre l'acheteur de la chose vendue ou d'une partie par le droit d'un tiers (1). »

En expliquant cette définition, nous montrerons dans quels cas et à quelles conditions il y a éviction.

I. L'éviction est une *perte*. « Le mot *éviction*, dit M. Duranton (2), s'entend de toute dépossession que souffre l'acheteur dans la totalité ou partie de la chose vendue. »

Dans la pratique, on donne aussi ce nom au jugement qui prononce en faveur du tiers contre l'acheteur et même à l'action de ce tiers. Selon M. Troplong (3), on pourrait soutenir que par le mot *éviction*, l'art. 1626 a entendu parler tout à la fois du cas où la chose est enlevée à l'acheteur et du cas où la possession de ce dernier est menacée.

(1) Liv. I, tit. II, sect. X, n. 1.
(2) XVI, n. 248.
(3) Vente, 131.

En effet, l'article dit que « le vendeur est obligé de droit à
garantir l'acquéreur de l'éviction qu'il souffre dans la totalité ou partie de l'objet vendu, ou des charges *prétendues*
sur cet objet. » Le mot *prétendues* semble indiquer que la
prétention du tiers n'est pas encore reconnue; si l'obligation du vendeur est la même dans le premier des cas prévus par l'article que dans le second, elle consiste à intervenir avant la reconnaissance du droit que réclame le
tiers, ce que l'article exprime par les mots : *garantir l'acquéreur de l'éviction.*

Il peut y avoir *perte* sans *dépossession*. Vous m'avez vendu
ou donné une chose : j'agis contre un détenteur pour me
la faire remettre : je suis débouté de ma demande. La
loi 16, §. 1, pp. *de Evictionibus*, comprend parmi les cas où
la stipulation du double est commise celui où « *possessor
ab emptore conventus absolutus est.* »

On a étendu le mot *éviction* à des cas où la personne à
qui une chose a été transférée la perdrait ou n'y aurait
aucun droit si elle se bornait à invoquer le titre en vertu
duquel elle l'a reçue d'autrui. Tel est le cas où l'acquéreur, poursuivi par les créanciers hypothécaires comme
tiers-détenteur, paie les dettes inscrites pour conserver la
possession de la chose (art. 2178), où, la première cause
d'acquisition étant nulle, il succède au vrai propriétaire, et
garde la chose non en vertu de la vente, mais à titre d'héritier; aliénateur, je suis tenu comme si la chose avait été
réellement enlevée à l'acquéreur, car elle lui aurait été réellement enlevée sans un fait indépendant de ma volonté.
Dans ces hypothèses, il n'y a pas d'éviction proprement
dite, mais une des conséquences, la conséquence principale de l'éviction se produit.

II. *Que le vendeur souffre.* — La perte que subissent
l'acheteur, l'adjudicataire, l'échangiste, le donataire, le co-
partageant du bien qui leur a été vendu, adjugé, etc., est
toujours une éviction. Nous ne nous occupons que de la
perte que souffre l'acheteur.

III. *D'une chose ou d'une partie.* — C'est pour nous
conformer au langage du Code et de la pratique que
nous employons cette expression de *chose*; car, en réa-

lité, les personnes n'ont jamais que des droits sur les choses.

On peut être évincé d'une chose, c'est-à-dire du droit de propriété, soit en totalité, soit pour partie. L'éviction partielle peut avoir lieu pour une part divise ou pour une part indivise.

On peut être évincé d'un droit, c'est-à-dire de tout autre droit que celui de propriété, de plusieurs manières : 1° J'ai acheté un immeuble que je croyais libre; un tiers vient prétendre une servitude; — 2° J'ai acheté une servitude; je succombe dans l'action confessoire que j'intente contre le propriétaire du fonds prétendu servant, ou dans l'action négatoire que lui-même intente contre moi. C'est encore une espèce d'éviction partielle que celle d'une servitude.

Il faut observer que c'est tantôt un droit, tantôt un prétendu droit qui est enlevé par l'éviction. C'est un droit, quand un créancier hypothécaire force l'acheteur à délaisser un bien ou à en subir l'expropriation : c'est un prétendu droit, quand un vrai propriétaire revendique son bien vendu par autrui.

IV. *Par le droit d'un tiers.* — Par exemple, une personne me vend ou me donne la chose d'autrui : le vrai propriétaire la revendique et me l'enlève en vertu de son droit. J'ai acheté ou reçu en donation un immeuble qui appartenait bien au vendeur, mais qui était grevé d'hypothèques; les créanciers hypothécaires me poursuivent, comme tiers détenteur; si je ne consens à les désintéresser, je perds l'immeuble par l'effet du droit qu'ils exercent.

On définit souvent l'éviction : « *Evincere est aliquid rei vendo auferre.* » Mais une décision judiciaire n'est pas indispensable. La sentence du juge constate seulement le droit du tiers; elle ne l'établit pas.

Nous n'examinons qu'une des conséquences de l'éviction : la garantie.

« Garantir, dit Loyseau, signifie proprement asseurer, et un garant est celui qui asseure un autre et qui est tenu de l'acquitter de quelque action ou procès (1). »

La garantie est l'obligation d'indemniser une personne de certains préjudices ou de la protéger contre certaines attaques. En général, les deux chefs de l'obligation sont réunis : ainsi le vendeur doit défendre l'acheteur contre tous troubles et évictions, et, s'il n'a pu les empêcher, l'indemniser du dommage par lui éprouvé. Cependant les circonstances dans lesquelles l'obligation de garantir prend naissance peuvent être telles qu'elle soit réduite au premier chef. La garantie des vices rédhibitoires se borne évidemment à indemniser l'acheteur : le vendeur ne peut défendre l'acheteur contre un procès qui ne saurait être intenté.

La garantie, en cas d'éviction, comprend les deux chefs dont nous avons parlé.

L'obligation de garantir résulte tantôt de la loi, tantôt de la convention. La garantie légale se nomme *garantie de droit*, la garantie conventionnelle *garantie de fait*.

Faut-il admettre une autre distinction entre la garantie de droit et la garantie de fait? Faut-il dire, comme M. Troplong (2), que la première « concerne le droit et la seigneurie de la chose, ou même certaines qualités non apparentes et tellement capitales, que, sans elles, la chose ne pourrait être employée à son usage naturel; » que la seconde « regarde la bonté intérieure de l'objet vendu et ses qualités; mais que ces qualités ne sont pas des qualités essentielles, dont le défaut équivaut à l'absence de tout droit et engendre l'action rédhibitoire. Ce sont des qualités secondaires, qui n'ont rien d'assez considérable pour affecter la destination de la chose quand elles viennent à manquer. »

Cette distinction nous paraît fausse. Il faut faire rentrer dans la garantie de fait toutes les conventions tendant, non-seulement à créer de nouvelles obligations à la charge

(1) Garantie des rentes, ch. I. n. I.
(2) N. 111.

du vendeur, mais encore à augmenter celles que lui impose la loi. « Les parties peuvent, par des conventions particulières, ajouter à cette obligation de droit ou en diminuer l'effet, » dit notre article 1627. Domat définit largement la garantie de fait, « la sûreté que promet le vendeur, ou plus ou moins étendue que celle de droit, selon qu'il en a été convenu. » Il donne plusieurs exemples, parmi lesquels ne se trouve point l'hypothèse que M. Troplong semble représenter comme la seule où se rencontre une garantie de fait. « Ainsi, on peut ajouter à la garantie de droit, comme s'il était convenu que le vendeur garantira du fait du prince, et on peut la restreindre comme s'il était convenu que le vendeur ne garantira que de ses faits et non des droits d'autrui, ou qu'il ne rendra que le prix en cas d'éviction et non les [dommages-intérêts. (1). »

PARTIE Ire.

Éviction du droit de propriété.

La loi oblige le vendeur à garantir l'acheteur contre toute éviction que celui-ci pourrait souffrir de ce droit. C'est ce que dit l'article 1626 : « Quoique lors de la vente il n'ait été fait aucune stipulation sur la garantie, le vendeur est obligé de droit à garantir l'acquéreur de l'éviction qu'il souffre dans la totalité ou partie de l'objet vendu. »

Chapitre I.

Quelles conditions sont requises pour que l'éviction donne lieu à la garantie.

§. 1. Toutes les ventes donnent-elles à l'acheteur le droit d'invoquer la garantie ?

La vente peut être volontaire ou forcée. La vente vo

---

(1) Loc. cit., n. 7.

lontaire peut avoir lieu à l'amiable ou être faite en justice.

Les ventes volontaires faites à l'amiable donnent lieu à la garantie.

Il en est de même de celles qui sont faites en justice, par exemple, de la vente des biens d'un interdit, d'un mineur, d'une succession bénéficiaire, d'une femme mariée sous le régime dotal. La cour de Paris a décidé, le 23 février 1850 (1), que la vente sur conversion provoquée par le saisi et sur un cahier des charges par lui déposé est soumise aux principes qui régissent les ventes ordinaires et notamment à la garantie du vendeur en cas de défaut de déclaration des charges.

A plus forte raison le vendeur est-il responsable dans les ventes publiques, mais non judiciaires, qu'il ait eu recours au ministère des notaires ou qu'il s'en soit passé.

Les ventes forcées ont-elles le même effet? Supposons l'immeuble d'une personne saisi par un créancier qui en poursuit l'expropriation. L'immeuble est adjugé à un tiers, et le prix, moyennant lequel est obtenue l'adjudication, est versé entre les mains de tous ceux des créanciers du saisi, qui se trouvent remplir certaines conditions. L'adjudication transmet à l'adjudicataire tous les droits que le saisi avait sur la chose, mais elle ne lui en transmet pas d'autres (art. 717, P. C.). Cet adjudicataire vient à être évincé sur une action en revendication; aura-t-il une action en garantie?

Trois classes de personnes sont en rapport avec l'acheteur, le saisissant, qui fait vendre la chose, le saisi, à qui appartenait ou était censée appartenir la chose vendue, les créanciers qui ont touché le prix de la vente. Contre qui l'adjudicataire évincé pourra-t-il recourir?

Quelques jurisconsultes lui donnent une action en garantie contre le poursuivant et leur opinion a été consacrée par un certain nombre d'arrêts, notamment par un arrêt de la cour de Caen du 7 décembre 1827. Leur doctrine se

(1) D. P. 50. 2. 151.

fonde sur ce que le poursuivant doit être considéré comme vendeur. « C'est, dit la cour de Caen, au créancier poursuivant l'expropriation des biens de ses débiteurs, à apporter garantie à l'adjudicataire de la dépossession qu'il peut éprouver, *ainsi que serait tenu de le faire le débiteur lui-même, s'il procédait volontairement à la vente de ses biens.* » L'adjudicataire n'a de rapports nécessaires qu'avec ce poursuivant : dès lors il serait injuste de le forcer à recourir contre le saisi ou contre les autres créanciers, qu'il peut ne pas connaître.

Ce système n'est pas généralement admis. Le créancier ne doit pas être assimilé au vendeur. Que fait-il, en effet? Il s'adresse à la justice pour enlever au débiteur sa chose, pour obtenir son paiement sur le prix qui en sera donné, mais il ne la vend pas lui-même. Le vendeur, c'est, dit la Cour de Cassation, dans un arrêt du 16 décembre 1828, « celui qui s'est dessaisi de la chose vendue qu'il possédait ou dont il se disait propriétaire ou qui en a été dessaisi comme contraint et forcé par la justice. » Il est tout aussi facile à l'adjudicataire de recourir contre le saisi que contre le poursuivant.

Le créancier poursuivant pourra être poursuivi, mais ce sera en vertu de l'art. 1382, non de l'art. 1626, dans le cas où il aura commis des irrégularités entraînant la nullité de l'adjudication, dans celui où il aura saisi des biens sur lesquels le saisi n'avait aucune possession, en un mot, quand il sera en faute. L'adjudicataire évincé pourra lui demander des dommages-intérêts.

Il est fort important de distinguer les obligations qui résultent de l'art. 1626 et celles qui résultent de l'art. 1382, la garantie et la responsabilité. Elles ont été confondues dans un certain nombre d'arrêts, qui se sont fondés sur la faute du saisissant pour le déclarer garant de l'adjudicataire. Le tribunal de la Seine, le 28 novembre 1833, a refusé, au contraire, de rendre un saisissant responsable de sa faute, sous le prétexte « qu'en matière d'aliénation volontaire, l'action en garantie ne peut être exercée par l'acquéreur que contre le vendeur. » La cour de Paris, rétablissant les vrais principes, a mis à la charge du saisissant des frais qui avaient « leur source et leur principe dans une procédure frustratoire et contraire aux dispositions de la loi ; » mais elle a décidé en même temps que la demande de l'adjudicataire « devait être restreinte au remboursement des frais qui pouvaient avoir été légitimement payés par Delespinatz, par suite de l'adjudication faite à son profit. » (30 avril 1834.)

2. Le saisi sera-t-il tenu de l'action en garantie ? Il l'était en droit romain, et ne l'était pas dans l'ancien droit. La vente sur saisie « a cela de moins que les ventes contractuelles, qu'elle ne donne point à l'adjudicataire d'action en garantie, au cas qu'il souffre éviction de ce qui lui a été adjugé, » disait Pothier (1). La doctrine de l'ancien droit est encore soutenue aujourd'hui. Le saisi est dépouillé de sa propriété malgré lui. C'est la justice qui vend. Or, ce qui cause le préjudice dont la réparation est imposée au garant, c'est la vente, non la faute de la personne qui se croit à tort propriétaire, ou le dol de celle qui laisse croire à autrui qu'elle est propriétaire.

On répond avec raison que le saisi est vendeur en un sens. Il possède une chose et la laisse vendre sous son nom, comme si elle lui appartenait. Le résultat de la vente forcée est le même que serait celui d'une vente volontaire ; le profit est le même pour le saisi ; le préjudice est le même pour l'acquéreur. Le saisi n'est pas demeuré étranger à la procédure qui devait aboutir à l'adjudication ; il a reçu la dénonciation de la saisie ; il a été sommé de venir prendre connaissance du cahier des charges. Il sera donc tenu en vertu de l'article 1626.

3. L'adjudicataire a-t-il une action en garantie contre les créanciers colloqués sur le prix qu'il a payé ? En tout cas, on peut lui donner une autre arme, celle de la *condictio indebiti*. En effet, il a payé le prix de l'adjudication parce qu'il a cru devenir propriétaire ; la propriété, qui n'appartenait pas au saisi, n'a pu lui être transférée : il ne devait pas le prix, dès lors les créanciers ne sont-ils pas obligés à le restituer, en vertu de l'article 1377 ?

(1) Pr. Civ. n° 636.

En droit Romain, c'était un principe général que le créancier qui avait reçu ce qui lui était dû, même d'une autre personne que le débiteur, n'était pas tenu de le restituer (1). Il était admis spécialement que l'acheteur n'avait pas d'action contre le créancier qui avait vendu *jure pignoris* une chose appartenant à une autre personne que son débiteur (2). On lui donnait seulement une action *ex empto* pour se faire céder par le créancier l'action qui appartenait à celui-ci contre le débiteur, l'action *pigneratitia contraria* (3).

M. Duvergier (4) n'admet pas que le droit Romain se soit prononcé en ce sens : « Le Code, dit-il, au titre *Cred. evict. pignus non debere*, se borne à dire que le créancier qui a vendu son gage n'est pas garant de l'éviction. M. Duranton affirme qu'on entendait par là que le créancier ne devait pas même à l'acquéreur évincé la restitution du prix que celui-ci avait payé, *propter pignus*, mais cela n'est point dans le texte et ce sont deux choses différentes que d'affranchir le créancier de la garantie de l'éviction, ou de le dispenser de restituer le prix qui lui a été payé. » En admettant que l'auteur du Code n'ait pensé qu'à la garantie, nous avons le texte général qui exclut la *condictio indebiti* dans tous les cas analogues à celui qui nous occupe, et la loi 11, §. 10, de *Act. empti*, qui décide que l'action *ex empto*, ne sera point donnée même *ad restituendum pretium* contre le créancier vendeur.

L'ancien droit avait admis la répétition : « Quoique l'adjudicataire n'ait pas, en ce cas, une action de garantie, dit Pothier, il est néanmoins équitable qu'il ait au moins action pour la répétition du prix qu'il a payé, ou en totalité, s'il souffre éviction du total ; ou à proportion de la partie dont il souffre éviction... Par notre jurisprudence, on

(1) L. 44, ff. *de Cond. ind.*
(2) L. 11, §. 16, *de Act. empti.* — L. 10, *de Distractione pign.* — L. 1 et 2, Cod. *Creditorem Evictionem pignoris non debere.*
(3) L. 38, ff. *de Evict.*
(4) N° 316.

donne cette répétition contre les créanciers qui ont touché
à l'ordre; et, lorsque l'éviction n'a été que pour partie, il
n'y a répétition que pour partie du prix. Ce sont les derniers recevant à l'ordre qui sont seuls tenus de cette restitution du prix. »

MM. Delvincourt et Duranton ont encore soutenu la doctrine romaine, en se fondant sur ce qu'un créancier, remboursé de ce qui lui est dû, ne saurait être tenu d'aucune
restitution. La grande majorité des auteurs et presque tous
les arrêts ont écarté ce système, dans lequel on semble
admettre un seul cas de *condictio indebiti*, celui où une personne reçoit ce qui ne lui est pas dû, et dans lequel on laisse
de côté celui où « une personne qui, par erreur, se croyait
débitrice, a acquitté une dette, » cas prévu cependant par
l'art. 1377 du Code Napoléon. L'adjudicataire s'est cru, par
erreur, débiteur du prix, car il ne le doit réellement que
s'il est devenu propriétaire de la chose adjugée. La propriété lui étant enlevée, son paiement se trouve avoir été
fait, par erreur, à un créancier dont il n'était pas débiteur.

Si une partie du prix seulement doit être restituée, faudra-t-il réduire proportionnellement ce qu'ont reçu tous les
créanciers, ou s'adresser à quelques-uns d'entre eux?
Quand il y aura eu un ordre, ce seront les derniers créanciers colloqués qui devront fournir à l'adjudicataire la
somme qu'il réclame; quand il y aura eu une contribution,
cette somme se prendra proportionnellement sur celles
qu'auront reçues tous les créanciers appelés à la contribution.

Toutes les causes d'éviction, qui donnent lieu à l'action
en garantie contre le vendeur, peuvent également, ce semble, donner lieu à la *condictio indebiti*. Aussi ne comprend-
on pas pourquoi la cour de Lyon, le 1er juillet 1823, l'a refusée à un acquéreur qui, pour purger les hypothèques,
avait dénoncé son contrat et payé aux créanciers inscrits,
en vertu d'une sentence d'ordre et de distribution.

La *condictio indebiti*, accordée à l'adjudicataire, est soumise aux mêmes règles que celle qui peut être donnée à
toute personne ayant payé, par erreur, une dette dont elle
n'est pas tenue. Elle ne peut être exercée que si le créan-

cier n'a point supprimé son titre par suite du paiement (article 1377, 2°); dans l'espèce, l'action serait sans effet, si les créanciers avaient consenti à la radiation de leurs inscriptions, grevant d'autres immeubles en même temps que l'immeuble adjugé, puis évincé (Riom, 20 mai 1851).

Pour qu'il y ait lieu à la *condictio indebiti* dans l'hypothèse où une personne paie une dette dont elle n'est pas tenue, il faut que le paiement ait été fait, *par erreur*, c'est l'article 1377, 1° qui le dit. Aussi la Cour de Paris a-t-elle décidé avec raison (3 juillet 1851) que le créancier hypothécaire qui a payé un autre créancier préférable à lui à raison de son hypothèque, pour être légalement subrogé dans les droits de celui-ci, ne lui peut rien demander quand l'éviction de l'immeuble hypothéqué vient à être prononcée contre le débiteur. Il a sans doute payé la dette d'autrui, mais sciemment, mais volontairement : il ne s'est trompé que sur l'intérêt qu'il pouvait avoir à l'acquitter. Cette erreur ne suffit pas pour lui faire avoir la *condictio indebiti*.

Un jugement du tribunal de Lyon, en date du 3 août 1839, semble admettre l'action de garantie contre les créanciers qui ont reçu le prix de l'adjudication, en la refusant contre le poursuivant. « S'ils ne sont pas les vendeurs, dans le sens de l'art. 1626, C. civ., il faut reconnaître qu'ils ont recueilli le fruit de la vente, et que la même raison qui exclut la responsabilité du poursuivant doit la faire peser sur eux.... Les créanciers qui reçoivent le prix n'y sont admis que comme ayant-droit de l'exproprié, et à son lieu et place; on ne conçoit pas comment ils ne seraient pas tenus de ses obligations *jusqu'à concurrence de ce qu'ils auraient reçu pour lui*, et comment ils auraient plus de droits que celui qu'ils représentent.... Il faut donc reconnaître qu'en thèse générale, les créanciers qui ont reçu le prix de l'immeuble exproprié doivent être tenus, *jusqu'à concurrence de ce prix*, de l'action en garantie pour cause d'éviction intentée par l'adjudicataire. »

Le tribunal de Lyon, en déclarant les créanciers obligés seulement *jusqu'à concurrence du prix*, ôte tout intérêt à son système. L'action en garantie a cela de particulier et d'avantageux qu'elle comprend les dommages-intérêts,

6

comme on le verra plus loin. On ne sait pourquoi le jugement que nous venons de rapporter, assimilant les créanciers aux vendeurs, restreint pour les premiers l'obligation
qu'il prétend leur être commune avec le dernier. L'assimi-
lation est entièrement fausse. Le vendeur veut faire un
gain; les créanciers cherchent à éviter une perte; l'un
prend nécessairement une part à la vente; les autres viennent après la vente pour toucher l'argent qui est entré dans
la fortune de leur débiteur. Sans doute, quand ils reçoivent
le prix au nom du débiteur, ils ne peuvent avoir plus de
droits que lui-même; mais ils ne sont pas assujétis aux
mêmes obligations.

La cour de Lyon a voulu empêcher l'application de l'article 1377, 2° en prétendant qu'il s'agissait ici non de la
condictio indebiti, régie en effet par cet article, mais de la
condictio causa data, causa non secuta (arrêt du 2 juil. 1825).
Cette idée ne peut se soutenir. « La cause du paiement, dit
l'arrêt, se trouve dans l'acte d'adjudication qui oblige les
créanciers à faire jouir l'adjudicataire des choses adjugées
ou à lui restituer le prix de l'adjudication. » Cette prétendue
alternative n'existe pas; les créanciers ne sont nullement
obligés à faire jouir l'adjudicataire; ils sont tenus, il est
vrai, de restituer le prix, en cas d'éviction; mais cette obligation vient précisément de ce qu'ils ont touché une
somme que l'adjudicataire ne leur devait pas, et donne lieu
par conséquent à la *condictio indebiti*.

L'adjudicataire aura l'action en garantie contre les créanciers eux-mêmes, quand ils pourront, à juste titre, être
considérés comme vendeurs. Par exemple, ils sont cession-
naires des biens d'un failli, en vertu d'un concordat. L'adjudication est considérée comme une vente volontaire faite
par la masse des créanciers, qui est investie de tous les
droits utiles sur les biens cédés par le concordat. (Rouen,
11 mars 1842.)

§. 2. Toutes les évictions donnent-elles lieu à l'action en
garantie?

1. Il faut que l'acheteur soit évincé d'un objet vendu.

Une maison a été vendue, le locataire qui l'habitait a le droit d'en retirer l'enseigne, de la placer ailleurs, et de défendre à l'acquéreur d'en conserver une pareille ; s'il résulte de l'acte de vente que la maison n'a pas été vendue à titre d'hôtel achalandé, mais comme maison, connue sous un certain nom, l'acquéreur ne peut agir en garantie, l'enseigne n'ayant pas été comprise dans la vente (1).

II. Il faut que l'éviction procède d'une cause antérieure à la vente, quand elle provient du fait d'un tiers.

C'est la première maxime posée par Pothier en ces termes : « Le vendeur est tenu des évictions dont il y avait une cause ou du moins un germe existant dès le temps du contrat de vente, soit qu'elles procèdent, soit qu'elles ne procèdent pas du fait du vendeur (2). »

En effet, la vente rend la chose étrangère au vendeur et la met aux risques de l'acheteur. Ce premier ne peut être responsable que des causes d'éviction qui sont nées quand il était propriétaire, qu'il devait connaître, dont il devait délivrer l'acheteur, s'il était possible.

L'article 884 contient la même règle : « Les cohéritiers demeurent respectivement garants les uns envers les autres des troubles et évictions seulement qui procèdent d'une cause antérieure au partage. »

L'exemple d'une cause antérieure à la vente n'est pas difficile à trouver ; une personne vend un fonds appartenant à autrui ou déjà hypothéqué. Le droit du vrai propriétaire, celui du créancier hypothécaire sont nés avant celui de l'acheteur. Le vendeur en est responsable envers celui-ci.

L'exercice des droits du créancier hypothécaire fait naître une question. L'acquéreur évincé par une surenchère exercée en vertu de l'article 2185 peut-il agir en garantie contre son vendeur ? Il n'y a que deux arrêts, l'un de la cour de Paris (28 prairial an XII), l'autre de la cour de Metz (31 mars 1821), qui lui aient refusé cette action, sous

(1) Orléans, 18 août 1836.
(2) Traité du contrat de vente, n. 86.

ce prétexte singulier que la surenchère est une voie de droit et que l'acquéreur ne devient propriétaire incommutable qu'après l'expiration du délai pour surenchérir. Si l'acquéreur était propriétaire incommutable avant l'expiration de ce délai, ne pouvant être évincé, il ne réclamerait pas l'action en garantie; l'existence du droit des créanciers est précisément la cause qui le place sous le coup d'une éviction, mais qui, en même temps, lui donne droit à la garantie. La surenchère est, il est vrai, une voie de droit, mais l'action intentée par le propriétaire hypothécaire contre l'acheteur pour faire vendre sur lui l'immeuble hypothéqué n'est-elle pas une voie de droit? Cependant elle ouvre à cet acheteur poursuivi l'action contre son vendeur. On fait valoir dans ce système l'exception qui, dans l'ancien droit, mettait à la charge de l'acheteur, en vertu de la loi municipale, le retrait lignager et le retrait féodal, considérés comme causes légales d'éviction (1). Mais on peut répondre avec Pothier lui-même à l'argument qu'on lui emprunte. « Le vendeur n'est pas tenu de ces évictions, dit-il, parce que la loi municipale en charge l'acheteur, qui est censé acheter aux charges de la coutume. » Y a-t-il donc une loi qui fasse supporter à l'acheteur l'éviction résultant de la surenchère?

Tous les auteurs et la majorité des arrêts reconnaissent à l'acquéreur l'action en garantie. Mais tous ne donnent pas les mêmes motifs. Selon M. Troplong (2), « c'est que l'éviction, par suite de la surenchère, provient d'un fait personnel au vendeur qui peut, en désintéressant les créanciers, empêcher l'éviction. » Or, comme on le verra, le vendeur répond de ses faits personnels, même quand ils sont postérieurs à la vente. L'article 2185 exige que la réquisition de surenchère soit signifiée au précédent propriétaire, parce qu'il faut qu'il soit mis en demeure. On aura beau dire que l'acquéreur connaît sa situation, le droit des créanciers, les périls auxquels il s'expose, il connaît aussi la situation

(1) Pothier, 87.
(2) N. 426.

de son auteur, et il doit penser que celui-ci accomplira son
obligation.

Cette raison, qui paraît décisive à M. Troplong, est rejetée par Marcadé (1) et combattue par M. Duvergier (2). Ce
que l'acquéreur reproche au vendeur, ce n'est pas un fait,
c'est une omission ; encore cette omission peut-elle être in-
volontaire : il n'est pas toujours au pouvoir du débiteur
de payer ses dettes. Il est inexact de dire qu'il y ait ici un
fait personnel du vendeur.

Ce que disent avec raison ces deux jurisconsultes, c'est
que la surenchère a lieu en vertu d'un droit préexistant à
la vente, le droit éventuel du créancier hypothécaire à surenchérir sur la notification à lui faite par l'acquéreur.
Celui-ci est évincé *ex causa antiqua* ; il peut recourir
contre son auteur.

On ne peut reprocher à l'acheteur d'avoir provoqué la surenchère. S'il n'avait pas purgé, il aurait été exposé à l'expropriation ; alors, comme je l'ai dit, il aurait eu, de l'aveu
de tous, l'action en garantie. Pourquoi la lui refuserait-on,
quand il prend une voie plus avantageuse et pour le vendeur et pour lui-même ?

Quand on donne pour motif que la surenchère s'exerce
en vertu d'un droit antérieur à la vente, on admet sans difficulté que le vendeur garantit également l'acheteur contre
toutes les hypothèques, soit qu'elles aient été constituées
par lui ou par les précédents propriétaires, M. Troplong est
forcé par le bon sens d'admettre cette conséquence d'un
principe qui n'est pas le sien. Mais il ne peut plus dire que
le vendeur doit payer ses créanciers : selon lui, le vendeur
serait obligé parce qu'il aurait « laissé croire qu'il ferait, lui
vendeur, toutes les diligences nécessaires auprès des débiteurs pour désintéresser les créanciers (3). » Et voilà ce que
le savant magistrat appelle un fait personnel !

Ce qui fait que la surenchère, exercée conformément à

(1) Sur l'art. 1626, n° 2.
(2) 321.
(3) 127.

l'article 2188, ouvre l'action en garantie, c'est qu'elle a lieu en vertu d'un droit préexistant à la vente. Il n'en est pas de même de la surenchère survenant après une adjudication, dans la licitation de biens indivis entre majeurs et mineurs (art. 965, P. C.). La Cour d'Aix a décidé que l'adjudicataire évincé par cette surenchère n'a pas de recours, « attendu que l'adjudication juridique ne constitue point une vente parfaite et définitive, puisque le législateur l'a subordonnée, d'après sa nature, à l'exercice du droit de surenchère, — que le colicitant ne peut être soumis à la garantie de la part de l'adjudicataire, précisément parce que l'augmentation du prix ne le dépouille point, parce qu'il ne peut être en possession qu'après les délais de la loi, et parce que le contrat suppose cette cause de résolution toujours sous-entendue » (30 janv. 1835).

Une personne vend un fonds grevé de substitution avant la naissance de l'appelé, ou un fonds donné avant la survenance d'enfant qui révoquera de plein droit la donation. Le germe du droit, en vertu duquel est prononcée l'éviction, existe antérieurement à la vente; le vendeur est tenu de cette éviction.

Est-il également responsable d'une éviction qui a pour cause une prescription commencée avant la vente, accomplie après? La Cour de Bordeaux (4 fév. 1831) lui a imposé cette responsabilité, en se fondant sur ce que « tout vendeur est tenu des évictions dont il y avait une cause ou du moins un germe, suivant l'expression de Pothier, existant dès le temps du contrat de vente. »

La Cour de Bourges, au contraire, a écarté l'action en garantie (4 février 1823) par cette raison « que les intimés ne pouvaient imputer qu'à eux-mêmes la perte qu'ils avaient faite en laissant accomplir le temps de la prescription. »

La cour de Bordeaux a été induite en erreur par ce mot inexact et vague de *germe*, dont s'était servi Pothier. Ce qui est nécessaire, c'est que la cause de l'éviction soit antérieure à la vente : or la cause de l'éviction, c'est le droit résultant de la prescription. Une prescription commencée n'est qu'une espérance. Dans les exemples que j'ai cités plus haut, l'acquéreur est évincé en vertu d'un droit qui a une existence réelle quoiqu'il soit éventuel. C'est la faute de l'acquéreur si la prescription s'accomplit, quand il lui est loisible de l'interrompre.

Mais l'art. 1382 doit s'appliquer ici : la responsabilité du vendeur peut être engagée, s'il n'a pas averti son acheteur qu'il ne restait plus qu'un temps très-court pour accomplir la prescription.

Nous venons de voir dans quel cas notre principe fait accorder la garantie ; nous allons voir dans quels cas il l'exclut.

1. Le vendeur ne répond pas du fait du prince, évinçant l'acheteur par un acte de souveraineté. Ce fait est assimilé aux cas de force majeure, et la cause d'éviction est postérieure à la formation du contrat. Comme exemple des faits du prince, on peut citer l'expropriation pour cause d'utilité publique.

Mais il faut distinguer parmi ces faits ceux qui font le droit et ceux qui le consacrent. L'expropriation pour cause d'utilité publique est un acte entièrement nouveau, attribuant à l'État un droit auquel il n'avait jamais prétendu : elle ne donne pas lieu à l'action en garantie. Il en serait tout autrement d'un acte annulant la donation d'un domaine de l'État, faite par le possesseur temporaire d'un pouvoir royal ; le prince serait considéré comme déclarant, reconnaissant un droit né le jour où la donation aurait été faite, puisqu'il résulterait du vice même de cette donation, et le donataire serait tenu de l'éviction du fonds, s'il l'avait lui-même vendu à un tiers. Cette distinction a été consacrée le 14 avril 1830, dans une espèce où il s'agissait de biens donnés par Jérôme Bonaparte, roi de Westphalie, à son ministre des affaires étrangères, et restitués à la maison de Hesse par une ordonnance de l'Électeur en 1814.

Dans une espèce presque analogue, la Cour de Cassation avait (7 avril 1819) libéré le vendeur. Il s'agissait d'une maison donnée par Murat à son médecin, qui l'avait vendue à un tiers. Le roi Ferdinand ayant, à son rétablissement, annulé toutes les donations de Murat, l'acquéreur poursuivit le vendeur et fut débouté.

Les deux arrêts se concilient parfaitement. L'électeur de

Hesse faisait rentrer dans son domaine les biens donnés par Jérôme en vertu d'un droit préexistant, de l'inaliénabilité de ce domaine; le roi de Naples, au contraire, annulait, par un effet de sa volonté actuelle, les donations faites par son prédécesseur : dans le premier cas, l'éviction procédait *ex causa antiqua*, et donnait lieu à la garantie; dans le second, ce n'était plus qu'un cas de force majeure.

M. Duvergier dit : « Les juges devant lesquels se présente un acquéreur évincé par le fait du prince et demandant garantie à son vendeur, peuvent, ils doivent même non-seulement examiner la forme de l'acte, mais aussi en apprécier le contenu et vérifier si, en justice régulière, on *jugerait* comme le souverain a *ordonné*. » Cette règle a un inconvénient : elle semble investir le juge d'un pouvoir supérieur [...] contrôle sur la décision du prince. Il n'en est rien. Telle n'a pu être la pensée de M. Duvergier. Les juges doivent examiner si le souverain a *ordonné*, ou s'il a *jugé*.

2. Le vendeur ne répond pas du trouble apporté à la possession de l'acheteur par la violence. M. Troplong (1) rapporte une espèce remarquable et où les circonstances paraissaient bien favorables pour l'acquéreur : Un sieur Frediani avait acquis en Corse un vaste domaine, sur lequel certaines populations voisines ne manquaient pas de se jeter chaque fois que les événements politiques excitaient leurs passions et leur assuraient l'impunité. Après 1815, la possession de Frediani fut troublée par leurs incursions : il poursuivit son vendeur, en prétendant que le voisinage de ces populations constituait une cause permanente d'éviction, dont l'origine avait précédé la vente. Il fut renvoyé de sa demande et avec raison. Les faits de violence sont essentiellement indépendants les uns des autres : parce qu'il s'en est produit dans le passé, il n'est pas nécessaire qu'il s'en produise dans l'avenir, comme il est nécessaire que la reconnaissance d'un droit préexistant à celui de l'acquéreur lui fasse perdre le sien.

(1) 423.

3. Dans le droit Romain, on considérait comme un fait de force majeure postérieur au contrat, la prévarication, l'imprudence ou l'erreur du juge qui condamnait à tort l'acquéreur, bien que la prétendue cause de la condamnation fût réputée antérieure à la vente. Les lois, cependant, ne déclaraient nulle que la sentence rendue par prévarication (L. 7, C. *quando provocare non est necesse*), et la sentence rendue par ignorance était valable s'il n'y en avait appel (L. 32, pp. *de Re judicata*). Mais dans les deux cas il y avait *injuria illata a judice*. Or la vente mettait aux risques de l'acheteur tout cas fortuit; et c'est un cas fortuit que *omnis injuria ab alio illata*.

Mais « il n'y a lieu à cette question, dit Pothier (1), que lorsque l'acheteur, sur la demande donnée contre lui, omis d'appeler son vendeur en garantie; car s'il l'avait appelé, le vendeur aurait été obligé de prendre son fait et cause, et la sentence aurait été rendue contre le vendeur et non contre l'acheteur. »

Aujourd'hui, comme du temps des jurisconsultes romains, l'acheteur poursuivi par un tiers peut appeler son vendeur; si celui-ci prend son fait et cause, il supportera les conséquences de la sentence, quelle qu'elle soit. Que s'il n'a pas été mis en cause, selon M. Duvergier (2), il se fait tenir quitte de la garantie, en démontrant que les juges se sont trompés. MM. Troplong (3) et Marcadé (4) pensent qu'il doit prouver, conformément à l'article 1640, qu'il existait des moyens suffisants pour faire rejeter la demande. S'il ne peut faire cette preuve, il est tenu d'indemniser l'acquéreur évincé. Celui-ci a fait ce qu'il devait : il n'a pu se soustraire au cours ordinaire de la justice.

III. L'éviction donne toujours lieu à la garantie, quand elle procède du fait personnel du vendeur, qu'il soit antérieur ou postérieur à la vente.

(1) N. 94.
(2) N. 316.
(3) N. 424.
(4) Loc. cit.

Pothier (1) suppose qu'un vendeur hypothèque son fonds avant de le livrer à l'acheteur. Quand celui-ci sera évincé par le créancier hypothécaire, il ne pourra être débouté de sa demande sous le prétexte que l'hypothèque a été constituée après la vente. — Cet exemple ne pouvait plus être cité sous l'empire du code Napoléon, le consentement des parties suffisant pour transférer la propriété de l'une à l'autre *erga omnes*, et par conséquent enlevant à celle qui cessait d'être propriétaire le pouvoir de constituer des droits réels sur la chose vendue.

L'exemple donné par tous les auteurs sous le Code est celui d'une personne vendant par un acte privé qui n'est pas immédiatement enregistré, et vendant une seconde fois la même chose à une autre personne par un acte authentique. Le titre du premier acheteur n'ayant pas date certaine, le second acheteur est préféré. Mais le vendeur est obligé envers le premier, car c'est à l'égard des tiers seulement que la date certaine est requise (art. 1328).

Depuis la loi du 23 mars 1855, le principe que le consentement des parties ne suffit point pour transférer la propriété *erga omnes* ayant été rétabli, on peut en tirer la conséquence qu'en déduisait Pothier. Si entre la vente, même constatée par acte enregistré ou par acte authentique, et la transcription, le vendeur a de nouveau vendu à un tiers qui transcrit avant le premier acheteur, s'il a constitué une hypothèque à un créancier qui s'inscrit avant la transcription de la vente, le premier acheteur, dans le premier cas, l'acheteur dans le second, peuvent poursuivre le vendeur en garantie, quoique la cause de leur éviction soit postérieure au contrat de vente.

IV. Sur quelle personne doit tomber l'éviction?

Le vendeur peut avoir transféré à son tour la propriété qu'il croyait avoir acquise. Quand la chose vendue se trouve entre les mains d'un second acquéreur au moment où l'éviction s'accomplit, y a-t-il lieu à l'action en garantie? A qui appartient-elle? Est-ce au premier ou au deuxième acquéreur?

(1) N° 91.

A. Il est d'abord un cas qui n'offre aucune difficulté. La chose est passée aux successeurs à titre universel de l'acheteur. Il est évident qu'ils ont le recours qu'aurait aussi leur auteur, et qu'eux seuls peuvent l'exercer; ils ont succédé à tous ses droits.

B. La question devient plus difficile quand il s'agit des successeurs à titre particulier. Avant tout il faut distinguer s'ils ont acquis la chose à titre onéreux ou à titre gratuit.

1° L'éviction d'un sous-acquéreur à titre onéreux, acheteur, créancier ayant reçu la chose en paiement, échangiste, etc., permet incontestablement au premier acheteur d'agir en garantie contre son vendeur. Il peut se plaindre justement que celui-ci n'ait pas rempli ses obligations; lui-même, exposé au recours de son ayant-cause, a un intérêt évident à recourir contre celui de qui il est l'ayant-cause.

Mais le sous-acquéreur peut-il lui-même agir en garantie contre le premier vendeur? Il a toujours la ressource commune à tous les créanciers de celui-ci, il peut exercer l'action oblique de 1166. Ressource insuffisante et dangereuse, puisqu'il s'expose, en l'employant, à concourir avec tous les créanciers de son débiteur et à se voir réduire à une quote-part sur la dette du premier vendeur.

Les parties peuvent prévenir ce danger en convenant que le second acquéreur sera subrogé à l'action en garantie du premier; il est évident qu'en vertu d'une telle convention il pourra exercer directement contre le premier vendeur un droit qui lui sera propre, sans courir les chances de l'insolvabilité du second vendeur, de qui il tient la chose.

A défaut de cette convention, faut-il y suppléer en présumant une subrogation tacite? Le Droit romain, qui n'admettait pas que les actions pussent être cédées, et qui permettait à peine à ceux sur la tête desquels elles étaient nées de transférer à autrui par des formalités compliquées la faculté de les exercer, ne pouvait consacrer une telle subrogation. Cependant, il reconnaissait que la vente contenait la translation tacite de certains droits, quand il était de l'intérêt du vendeur que l'acheteur s'en pût prévaloir. La loi 3 pp. *de Exceptione rei venditæ* accorde au second acheteur, même avant que la chose ne lui ait été livrée, le droit d'opposer l'exception *rei venditæ et traditæ*.

Dans notre ancien droit, on admet la subrogation tacite : « Un second acquéreur aurait aussi le même droit, comme exerçant les droits du premier acquéreur, » dit Domat (1).

Sous le Code, deux arrêts, l'un de la Cour de Bruxelles (6 janvier 1808), l'autre de Cour de Paris (22 mars 1815), ont refusé au sous-acquéreur l'action contre le premier vendeur, sous le double prétexte que les actions ne se transmettent que par l'effet des cessions, et que l'action en garantie est *personnelle*. Ces deux arguments sont peu sérieux : ce qu'invoque le sous-acquéreur, c'est précisément la cession implicite qu'il allègue lui avoir été faite par son auteur de tous les droits et actions pouvant servir à lui faire avoir la chose, et, quoique l'action en garantie soit personnelle, cependant il est impossible d'y voir un droit exclusivement attaché à la personne, selon le sens de l'article 1166. La présomption de cession est fortifiée par l'article 1122, qui décide que « l'on est censé avoir stipulé pour soi et pour ses héritiers ou *ayant-cause*. » Cette disposition comprend les ayant-cause à titre particulier, qui peuvent invoquer les stipulations faites pour l'objet auquel ils succèdent.

M. Troplong n'admet pas que Tertius, deuxième acquéreur, puisse se dire cessionnaire de l'action en garantie elle-même, parce que Secundus, premier acquéreur, ne doit pas être supposé avoir abdiqué son recours contre Primus, premier vendeur ; que Tertius lui-même n'a vraisemblablement pas songé à acheter « une action en arrière-garantie » inutile si Secundus est solvable ; enfin, parce que « si le dernier acheteur était vraiment acquéreur de cette action, il faudrait aller jusqu'à dire qu'il pourrait, d'une part, se faire indemniser par son vendeur immédiat en vertu de son contrat de vente, et de l'autre, exercer l'action de ce même vendeur contre le vendeur originaire en vertu de la

(1) Loc. cit., n. 29.
(2) N. 148.

subrogation, résultat tellement inique qu'il est voisin de l'absurdité » (1).

Ce qui affaiblit d'abord la valeur de ces raisonnements, c'est que M. Troplong admet lui-même (2) que l'action en garantie est censée passer au légataire et au donataire de la chose vendue. Il semble ne la refuser au second acheteur que parce qu'il ne saurait comment la réduire à ce que celui-ci aurait droit de réclamer de son auteur, Secundus. De plus, pourquoi ne peut-on pas supposer que Secundus a cédé son action à Tertius, et doit-on dire que celui-ci n'a aucun intérêt à l'avoir, puisque M. Troplong reconnaît que, si elle lui est inutile, ce sera seulement dans le cas où Secundus sera parfaitement solvable? Est-il plus juste de prétendre que la cession présumée donnerait à Tertius deux actions en garantie? Mais la cession expresse aurait le même effet, et cependant nul ne refuse à Secundus le droit de subroger expressément Tertius à son action en recours. Cette subrogation a pour but d'assurer Tertius contre toutes chances de perte. Que s'il a commencé par agir contre Primus, il ne sera point reçu à poursuivre Secundus, car l'obligation qu'a celui-ci de l'indemniser ne s'ouvre pas tant qu'il est indemne, qu'il a ou la possession de la chose, ou ce qui doit lui en tenir lieu. S'il a d'abord poursuivi Secundus, il n'a plus aucun droit contre Primus; il a recouvré le prix et les dommages-intérêts, et la cession implicite, comme la subrogation expresse, ne pouvait avoir pour objet que d'en assurer le recouvrement.

Mais il est bien évident que le droit auquel le second acheteur est censé subrogé n'acquiert point d'extension par la subrogation même, que l'acheteur exerce l'action en garantie telle qu'elle est née en la personne de son auteur. Si une clause de non-garantie protège le premier vendeur contre les conséquences de l'éviction, elle sera opposable au sous-acquéreur.

Dans quelles limites l'action en garantie du sous-acqué-

(1) N. 497.
(2) N. 429.

reur contre le premier vendeur pourra-t-elle s'exercer?
Primus avait vendu un fonds de terre à Secundus, moyennant vingt mille francs ; Secundus le revend à Tertius pour
dix mille francs. Tertius, évincé, pourra-t-il répéter contre
Primus vingt mille francs, ou dix mille francs, en supposant qu'il n'y ait lieu qu'à la restitution du prix, premier
chef de l'action en garantie, comme on le verra plus loin?
Pothier penche à lui donner action pour le prix qu'avait
payé Secundus, vingt mille francs dans notre espèce : « On
pourrait le soutenir, dit-il ; car, lorsque je vends une chose
à quelqu'un, je suis censé lui vendre et transporter tous les
droits et actions qui tendent à faire avoir cette chose (1). »
Ce système, timidement présenté par Pothier, est généralement rejeté aujourd'hui.

Selon M. Troplong, si Tertius peut agir contre Primus,
c'est seulement au même titre que tous les créanciers de
Secundus, en vertu de l'art. 1166 : il ne peut donc rien
prétendre au-delà de sa créance personnelle contre Secundus.

Nous avons dit que le savant magistrat s'était trompé en
restreignant le droit du second acquéreur à la faculté accordée à tous les créanciers du premier acheteur par l'art. 1166.
Il faut donc trouver un autre motif de rejeter le système de
Pothier. Ce motif, c'est celui qui nous a fait admettre la
subrogation tacite. La cession doit être limitée par la raison
qui fait reconnaître la cession elle-même. Le second acquéreur est garanti contre l'éviction, c'est-à-dire contre le
dommage que lui causera la perte de son droit, par le recours qu'il peut exercer soit contre son auteur, soit contre
l'auteur de celui-ci. Au delà de ce dommage, il ne peut
rien réclamer. Dans l'espèce il n'aura droit qu'à dix mille
francs. L'éviction ne doit pas être pour lui l'occasion d'un
bénéfice. Cette dernière raison soulève, il est vrai, une
objection : si la chose, diminuée de valeur, est enlevée à
l'acheteur, celui-ci n'en a pas moins le droit de réclamer
le prix qu'il a payé : ne tire-t-il pas un bénéfice de l'évic-

(1) N° 148.

tion? Cela est vrai, mais parce qu'il ne serait pas juste qu'une partie du prix payé par lui restât entre les mains de celui qui ne l'a pas rendu propriétaire. Il n'aurait aucun titre à faire valoir dans notre hypothèse. Si, au lieu de diminuer, la valeur de la chose avait augmenté dans l'intervalle de la vente à l'éviction, l'acheteur pourrait, nous le verrons plus loin, réclamer non-seulement le prix, mais la plus-value, et si dans notre espèce cette plus-value était de dix mille francs, il serait admis à demander vingt mille francs au premier vendeur. Mais cette plus-value lui serait attribuée à titre de dommages-intérêts, non à titre de prix.

Le sous-acquéreur n'aura pas le droit de demander au premier vendeur plus qu'il n'aurait le droit de demander au second vendeur.

Avec cette règle, il est facile de résoudre une difficulté imaginée par M. Delvincourt (1). Secundus achète un fonds de terre de Primus; il y veut bâtir une manufacture; et comme une éviction lui causerait un dommage considérable, il se fait promettre par Primus vingt mille francs de dommages-intérêts. Puis il change d'idée et vend le fonds à Tertius. Celui-ci est évincé. Il ne sera pas fondé à demander les vingt mille francs promis à Secundus. Faut-il en conclure, comme M. Delvincourt, que le second acte de vente ne contient pas une cession tacite de l'action en garantie appartenant à Secundus contre Primus? n'est-il pas plus juste de reconnaître que la cession est limitée comme l'intérêt même du sous-acquéreur?

Pothier propose l'espèce suivante : Vous m'avez vendu un bien, je le revends à Pierre, je deviens héritier de Pierre, je suis évincé de cet héritage. Ai-je contre vous l'action en garantie? Ce qui faisait difficulté, selon Pothier, c'est que je n'aurais pas, comme successeur de Pierre, l'action directe contre vous; je répondrais seul de l'éviction en mon propre nom envers la succession de Pierre; or, l'intérêt que j'ai en cette éviction est nul, puisque la succession de Pierre évincée ne recourt pas contre moi. Pothier n'en ac-

(1) III, p. 145, notes.

corde pas moins l'action, en se fondant sur la loi 41, §. 2, *de Evict*. Si un autre eût hérité de Pierre, j'aurais payé, par exemple, dix mille livres; c'est moi qui hérite; je me les paie à moi-même; la somme est imputée sur la succession. Je suis censé avoir payé, j'ai l'action contre vous (1).

Sous le Code, ainsi que le remarque M. Duvergier (2), « il suffit de dire que je retrouve dans la succession de Pierre l'action en garantie que j'avais moi-même contre vous, et que je lui ai transmise en me dessaisissant en sa faveur de tous mes droits sur la chose vendue. »

2. L'éviction d'un sous-acquéreur à titre gratuit donne-t-elle lieu à l'action en garantie?

Pothier répondait négativement en argumentant de la loi 71, ff. *de Evictionibus*. Selon lui, l'héritier, n'étant point garant de la chose léguée, le donateur, de la chose donnée, n'avaient nul intérêt à ce que le légataire ou le donataire ne fût pas évincé, et par conséquent ne pouvaient agir dans aucun cas. Mais s'ils avaient cédé expressément à leurs ayant-cause à titre gratuit l'action qu'ils avaient eux-mêmes contre leurs vendeurs, ces ayant-cause pouvaient l'exercer (3).

Le sens de la loi 71 est fort contesté, et ce semble, avec raison par M. Troplong. Paul décide que le père qui a doté sa fille peut agir, en vertu de la *stipulatio duplæ* contre le vendeur du bien constitué en dot, puis évincé, et même dans l'espèce qui paraît la plus défavorable à ce système, il déclare la stipulation commise, le père ayant au moins un intérêt d'affection à ce que sa fille ne soit pas évincée : *quòd magis paterna affectio inducit*.

Les jurisconsultes qui ont écrit sur le Code Napoléon admettent l'action en garantie, mais pour deux motifs différents, qu'il importe de distinguer, parce que, selon qu'on adopte l'un ou l'autre, on donne l'action ou au donateur ou au donataire.

(1) N° 98.
(2) N° 343.
(3) N° 97.

Le premier motif que M. Troplong allègue, c'est cet intérêt d'affection dont nous parle Paul dans la loi 71. Le savant magistrat estime qu'il faut un intérêt chez celui qui recourt; seulement il pense que l'intérêt moral doit être pris en considération aussi bien que l'intérêt pécuniaire. Alors le donateur peut agir, mais il n'y est pas forcé, car le donataire n'a point de garantie à exiger de lui. On comprend quelle fâcheuse position ce système fait au donataire. On l'écarte généralement comme mal fondé en droit, l'intérêt d'affection du donateur ne pouvant servir de base à une réclamation pécuniaire.

Ce qu'il faut dire, c'est que le donateur est censé donner, comme le vendeur est supposé vendre, avec la chose elle-même, tous les droits et actions qui s'y rapportent, qui peuvent en assurer la tranquille possession à l'acquéreur ou le garantir contre l'éviction dont elle serait l'objet. Le mot *ayant-cause* de l'article 1122, comprend les ayant-cause à titre gratuit.

La cour de cassation a décidé (25 janvier 1820) que l'action en garantie peut être exercée par celui qui est menacé d'éviction contre le vendeur de son auteur, quoique celui-ci soit à l'abri de tout recours, parcequ'il a, par exemple, stipulé une clause de non-garantie. Dans cette espèce, il n'y a aucun intérêt, pas même cet intérêt d'affection dont nous parlions tout à l'heure. L'arrêt suppose nécessairement une subrogation tacite. Mais pourquoi la suppose-t-il? uniquement parce que la propriété de la chose est transférée. Or, la donation ainsi que la vente, transfère la propriété et la transfère *cum omni causa*.

En adoptant ce second motif, on donne l'action en garantie au donataire. Mais, s'il ne l'exerce pas, faudra-t-il la laisser exercer au donateur? La question n'a été tranchée par aucun arrêt, et les auteurs ne l'ont pas posée. Dans la pratique, elle se présentera fort rarement. Le donataire, qui n'a pas d'action en garantie contre le donateur et qui en a une contre l'auteur de ce donateur, ne manquera pas d'en profiter, et, puisque le bien donné lui est enlevé, se fera du moins indemniser. Mais il est possible qu'il n'agisse pas; alors l'action du donateur sera-t-elle recevable?

7

Lorsque l'acheteur Secundus transmet à un second acheteur, Tertius, son action en garantie contre le vendeur
Primus, en lui transférant la propriété de la chose qu'il
avait acquise, il ne lui fait qu'une cession conditionnelle.
Si Tertius, au lieu d'agir contre Primus au nom du droit
auquel il est subrogé, agit contre Secundus au nom du droit
qui lui est propre, Secundus reprend et peut exercer son
recours contre Primus. D'où vient qu'il peut l'exercer dans
un cas et non dans un autre? C'est que dans un cas, celui
où il est lui-même poursuivi par Tertius, il a intérêt à
poursuivre Primus : il est vrai qu'il ne perd point la propriété de la chose, puisqu'il s'en était antérieurement dessaisi ; mais il doit être indemnisé des sommes qu'il est forcé
de payer à Tertius. Dans le cas où Tertius s'est fait rembourser par Primus ce qui lui était dû, Secundus n'a aucun
titre pour agir, car d'un côté il n'est plus propriétaire de
la chose par lui achetée, de l'autre il n'est tenu d'aucune
garantie. Le premier acheteur, Secundus, peut agir en garantie contre le premier vendeur, Primus, mais seulement
quand il y a intérêt.

Mais quand Secundus, au lieu de vendre la chose, l'a
donnée à Tertius, la cession de l'action en garantie, résultant contre Primus du contrat de vente, ne peut être conditionnelle, et Secundus se dépouille irrévocablement de
ses droits. Si l'on écarte l'intérêt moral, et si nous supposons qu'il s'agit d'une donation n'obligeant point le donateur à la garantie, Secundus n'a aucun intérêt lésé par l'é-
viction : il n'est plus propriétaire ou réputé propriétaire de
la chose, partant il ne saurait se plaindre de l'éviction elle-
même; il n'est point tenu de la garantie, donc il ne sup-
porte point les conséquences de cette éviction. Mais, dira-
t-on, Primus conservera indûment le prix qu'il a touché.
Que Tertius agisse, il en est libre; mais il est libre aussi
soit de faire à Primus une libéralité indirecte, soit de négliger, de laisser perdre un droit qui est le sien, et que nul
ne peut exercer, si ce n'est lui.

D'après ce qui précède, le sous-acquéreur, quel qu'il soit
et quel que soit son titre, peut toujours exercer l'action
en garantie contre le premier vendeur, parce qu'elle est

présumée lui avoir été cédée quand la chose lui a été transférée. Le premier acquéreur ne peut poursuivre le premier
vendeur que lorsqu'il y a intérêt.

Dans quelles limites pourra s'exercer l'action du sous-
acquéreur à titre gratuit contre le premier vendeur? Il répétera tout ce qu'aurait réclamé l'acheteur, s'il était encore
en possession de la chose vendue. Cet acheteur, en effet, lui
a transmis tous ses droits.

Nous avons supposé constamment le débat engagé entre
trois personnes, un premier vendeur, un premier acquéreur qui est aussi le deuxième vendeur, un deuxième acquéreur. Les principes qui régissent cette hypothèse, s'appli-
queraient également dans les espèces plus compliquées où
un plus grand nombre d'intéressés seraient en lutte les uns
avec les autres.

V. Faut-il exiger que la chose vendue soit enlevée en
vertu d'un jugement? Non. Il suffit que le droit du tiers
qui l'enlève existe pour que l'éviction donne lieu à la garantie.

Pothier donne un exemple qui peut encore servir aujour-
d'hui. Il suppose (1) qu'un homme, n'ayant pas d'enfants, a
donné un immeuble; le donataire le vend; un enfant survient au donateur; la donation est révoquée de plein droit
et le fait qui produit la révocation est facile à constater.
L'acheteur restitue l'immeuble; il n'en a pas moins l'action
en garantie, pour ne s'être pas exposé à un procès inutile
dont tous les frais, peut-être considérables, fussent retombés
à la charge du donataire vendeur.

Mais on comprend qu'il peut y avoir un danger pour
l'acheteur à se condamner ainsi lui-même. Si son vendeur
qu'il poursuit prouve qu'il existait des moyens suffisants
pour faire rejeter la demande, la garantie n'aura pas lieu.

VI. Lorsque le jugement a prononcé l'éviction, et qu'il
reste sans exécution, selon quelques auteurs, la garantie
n'a pas lieu : c'est une erreur. Le droit est perdu, l'acquéreur n'a plus qu'une possession précaire : il peut recourir

(1) N. 95.

contre son vendeur. Un jugement périmé, au contraire, laisserait intact le droit de l'acheteur; il ne pourrait agir en garantie. Seulement il lui serait permis, s'il n'avait pas encore acquitté le prix, de suspendre le paiement d'après l'art. 1653. Il pourrait même demander la résolution de la vente, mais à la charge de démontrer contre le vendeur que la prétention du tiers était fondée, le jugement étant pour ce vendeur *res inter alios acta*, et, quand même l'acheteur l'y aurait appelé, ayant perdu, par suite de la péremption, la force de chose jugée.

VII. Faut-il que la chose vendue subsiste encore au moment où l'acquéreur exerce l'action en garantie? Ce qui est nécessaire, c'est qu'elle ait existé au moment où le jugement, pour prendre le cas le plus ordinaire d'éviction, en a reconnu la propriété au revendiquant : autrement l'acquéreur n'aurait rien perdu. Mais une fois ce jugement rendu, l'action doit être toujours admise, même quand la chose vendue aurait péri; l'acquéreur a une action qui n'a plus rien de commun avec le bien dont il est dépossédé juridiquement par la sentence.

VIII. Il faut que l'acheteur ne soit pas lui-même tenu de garantir le vendeur contre l'éviction. Primus avait acheté de Secundus, puis vendu à son tour à Tertius, héritier pur et simple de Secundus. L'éviction a lieu en vertu d'une cause antérieure à l'acquisition de Primus. Si Tertius agissait contre Primus, il serait exposé au recours de celui-ci. Les deux actions se neutralisent l'une l'autre.

IX. L'acheteur ne peut réclamer la garantie quand c'est par son fait ou par sa faute qu'il est évincé. — Par son fait : Propriétaire d'un immeuble, il l'avait hypothéqué pour la dette de Primus, puis il l'avait donné à Secundus, de qui je l'ai acheté; je le revends à ce propriétaire primitif, qui est évincé par le créancier de Primus. Il n'a pas droit à la garantie; il ne doit pas, il est vrai, me garantir lui même, car ce n'est pas de lui que j'ai acheté le fonds, et la donation qu'il en avait faite à Secundus ne lui imposait aucune obligation. Mais l'éviction provient de son fait.

Par sa faute : L'acquéreur n'a pas opposé la prescription à une revendication.

Ainsi l'article 1640 décide que « la garantie pour cause d'éviction cesse lorsque l'acquéreur s'est laissé condamner par un jugement en dernier ressort ou dont l'appel n'est plus recevable, sans appeler son vendeur, si celui-ci prouve qu'il existait des moyens suffisants pour faire rejeter la demande. » Il était d'autant plus nécessaire de prendre cette mesure en faveur du vendeur, que l'acheteur peut avoir, nous le verrons plus loin, un intérêt sérieux à se faire évincer. En effet, il a toujours droit à la restitution du prix qu'il a payé, même quand le prix est supérieur à la valeur de la chose au moment où elle lui est retirée par l'éviction.

Les termes de l'article 1640 sont généraux ; ils comprennent les moyens qui sont propres à l'acheteur. Le revendiquant fonde sa prétention sur une contre-lettre. L'acquéreur n'avait qu'à lui répondre que les contre-lettres ne sont pas opposables aux tiers. S'il ne l'a pas fait, il pourra être débouté de sa demande en garantie en vertu de l'article 1640.

C'est toujours au vendeur à prouver qu'il existait des moyens suffisants pour faire écarter la revendication.

Mais, s'il n'existait pas de moyen, le vendeur ne peut se plaindre que l'acheteur ne l'ait pas appelé. Celui-ci n'est plus en faute, il n'a fait qu'épargner des frais inutiles.

§. 3. Quel doit être l'objet de l'éviction ?

L'éviction peut enlever à l'acquéreur soit la totalité, soit une partie de l'objet vendu. Cette partie peut être divise ou indivise.

L'acheteur peut être évincé d'une charge.

Je vous vends une chose, il ne vous suffit pas d'être assuré que nul n'a le droit d'en revendiquer contre vous la propriété pour le tout ou pour partie : il faut encore que nul ne puisse, à l'improviste, prétendre une charge sur cette chose, que vous soyez assuré qu'aucun droit ne viendra restreindre votre droit et en gêner l'exercice. Si je vous ai dit qu'une servitude active était attachée à la propriété de la chose, il faut qu'elle ne vous soit pas enlevée. En un mot', le droit que vous avez acquis doit vous être maintenu intact, dans toute son étendue.

L'art. 1626 déclarait le vendeur obligé de droit à garantir l'acheteur des charges prétendues sur cet objet et non déclarées lors de la vente. Cette expression générale comprend aussi bien les servitudes personnelles que les servitudes réelles. L'art. 1638, où le législateur organise le principe posé dans l'art. 1626, parle de *servitudes non apparentes* et semble se restreindre aux servitudes réelles passives dont l'héritage vendu se trouve grevé.

1. *Servitudes réelles passives.* — En droit Romain, le vendeur avait une position fort avantageuse. Pour qu'il fût tenu des servitudes qui apparaissaient après la vente, il fallait qu'il eût ver la le fonds *uti optimus maximus.*

Dans l'ancien droit, au contraire, on considérait l'obligation de garantir l'acheteur contre les charges comme une suite de l'obligation que contractait le vendeur *præstare et habere licere.* On ne faisait d'exception que pour les charges qui avaient été déclarées à l'acheteur ou qu'il ne pouvait ignorer.

Le principe de notre droit actuel est dans l'art. 1638 : « Si l'héritage vendu se trouve grevé, sans qu'il en ait été fait de déclaration, de servitudes non apparentes. » C'est le même que celui de l'ancien droit.

Le vendeur n'est tenu que des servitudes non apparentes. En effet, la loi ne protége pas la mauvaise foi ou l'imprudence grossière de l'acheteur.

La responsabilité du vendeur cesse quand la servitude non apparente a été déclarée par lui. L'acheteur a su quelles limites étaient assignées au droit dont il se rendait acquéreur; il n'a pas à réclamer contre un contrat auquel il a adhéré en pleine connaissance de cause.

Sur quoi est fondée la règle que nous venons de voir? Sur ce que l'acheteur ne peut demander à être garanti contre l'éviction des charges dont il connaissait l'existence. En consacrant l'application, les rédacteurs du Code ont fait comprendre qu'ils adoptaient le principe. Il n'est pas besoin d'une déclaration expresse, et, dès que l'acheteur a connu la servitude, il n'est plus recevable à invoquer la garantie.

Le vendeur n'est pas tenu des prétendues servitudes légales ou dérivant de la nature des lieux, desquelles traitent les chapitres I et II du titre des Servitudes : ce sont en réalité des restrictions naturelles du droit de propriété. L'acheteur doit les connaître et ne peut prétendre à en être exempté.

Une fois que l'acheteur a connu l'existence de la servitude, par exemple, une fois qu'elle lui a été déclarée, il ne lui est point permis de réclamer la garantie sous prétexte qu'il en ignorait l'étendue. Il lui était facile de prendre les renseignements, d'adresser au vendeur les questions nécessaires pour apprendre ce qu'il avait intérêt à savoir. Il ne doit accuser que lui-même de sa négligence et des conséquences funestes qu'elle peut avoir.

D'après ce qui précède, le vendeur est libre de toute responsabilité quand l'acheteur a connu l'existence de la servitude, quand il est présumé l'avoir connue parce que la servitude était apparente.

Faut-il admettre d'autres présomptions? Si l'acte de vente ne fait pas mention de la servitude, mais que l'acte par lequel elle a été constituée se trouve dans les titres qui sont remis à l'acheteur, celui-ci aura-t-il encore droit à la garantie? Nul ne peut établir de présomption légale, si ce n'est le législateur. Il ne s'agit donc ici que de savoir si la remise des titres peut servir de fondement à une présomption de l'homme : c'est une question de fait dont la solution dépend des circonstances. Si l'acte de vente renvoie expressément au titre constitutif de la servitude, une déclaration expresse est tout-à-fait superflue. Si le vendeur, sans déclarer que le fonds est libre et franc de toute charge, se contente de remettre les titres à l'acheteur et n'en mentionne aucun dans l'acte de vente même, M. Troplong pense qu'il faut distinguer selon que la remise a eu lieu avant ou après que ce dernier acte a été passé. Dans le premier cas, l'acheteur, ayant dû prendre connaissance des titres, pourra être débouté par le juge de sa demande en garantie; dans le second, il est évident qu'il n'a pu consulter des pièces qui étaient détenues par le vendeur, et que nulle présomption ne saurait être admise contre lui.

C'est également une présomption de l'homme qui peut
résulter de la transcription des servitudes, faite conformément à l'art. 2; 1° de la loi du 23 mars 1855. Si puissante
qu'elle soit, elle ne doit pas être élevée à la hauteur d'une
présomption légale; puisque le législateur ne l'a pas expressément admise. Mais les juges concluront presque toujours
du fait connu de la transcription à ce fait inconnu que
l'acheteur a dû prendre connaissance de l'acte transcrit et
de tout ce qu'il contenait.

S'il faut que l'acheteur n'ait pas connu ou ne soit pas
présumé par la loi ou par l'homme avoir connu les servitudes dont il souffre éviction, pour en pouvoir réclamer la
garantie, faut-il d'un autre côté que le vendeur les ait
connus, pour en être tenu? Non : c'est à lui à savoir quelle
est l'étendue de ce droit qu'il vend à un tiers, et il [doit le
ui garantir tel qu'il promet de le lui transmettre.

II. *Servitudes réelles actives.* — L'action en garantie
sera accordée à l'acheteur, car il souffre une éviction partielle. Il est nécessaire que l'existence de la servitude ou
plutôt que la prétention à cette servitude lui ait été déclarée
dans l'acte de vente, ou qu'il en ait eu indirectement connaissance. Autrement il n'aurait pas pensé ni voulu déterminément acquérir la servitude en même temps que la
propriété.

III. *Servitudes personnelles.* — L'acheteur découvre que le
fonds qui lui a été transmis est grevé d'un droit d'usufruit
ou d'usage. Il peut agir en garantie en vertu de l'article 1626.

IV. *Charges autres que les servitudes personnelles.* — Il
faut distinguer les charges qui pèsent sur le bien vendu
en vertu du droit commun des biens et celles qui, au contraire, ne sont établies qu'en vertu de dispositions particulières. Dans la première classe sont les contributions publiques ordinaires, le vendeur n'en est pas tenu; l'acheteur
a dû prévoir qu'il y serait soumis. Il en est de même des
impositions extraordinaires qui seraient établies même
pour acquitter une dette communale antérieure à la vente,
pourvu que le décret qui autoriserait ces impositions fût
lui-même postérieur à la vente, car, « s'il devient nécessaire pour l'acquittement de ses dettes (de la commune),

dans le cas d'insuffisance de ses ressources, de recourir à un rôle de contribution pour obliger les habitants ou les propriétaires d'immeubles situés sur la commune à concourir à cet acquittement, ce n'est qu'en vertu d'une décision spéciale et formelle de l'autorité administrative intervenue dans les formes et sous les conditions exigées par les lois sur la matière ; mais, jusque là, les dettes communales ne peuvent être considérées comme pesant directement et personnellement sur les habitants de la commune et sur ceux qui y possèdent des propriétés. » (Cassation, 13 décembre 1843.)

Dans la seconde classe il faut ranger les réparations auxquelles le propriétaire d'une usine aurait été condamné par l'autorité administrative, un droit de pâturage appartenant à une commune sur un domaine. Si le vendeur n'en a pas fait la déclaration à l'acheteur, celui-ci aura le droit d'agir contre lui.

Chapitre II.

En quoi consiste l'obligation de garantir à l'acheteur la possession paisible de la chose vendue?

Elle consiste : 1° à maintenir et défendre l'acquéreur contre toutes prétentions élevées sur le bien vendu dans les circonstances que nous avons indiquées à l'article précédent; 2° si l'acquéreur est évincé, tantôt à lui rendre le prix payé par lui et à lui fournir en outre des dommages-intérêts quand il y a lieu, tantôt à l'indemniser du dommage qu'il éprouve.

Article 1. Action de garantie.

Section I. — Obligation de maintenir l'acquéreur en possession du bien vendu.

Le vendeur s'est obligé à transférer à l'acheteur la pro-

priété d'un certain objet. Quand l'acheteur la voit réclamée
par un tiers, il a le droit d'appeler le vendeur dans le
procès. La restitution du prix, les dommages-intérêts ne
remplacent pas complètement ce qu'il a voulu et pensé
acquérir par le contrat de vente. Avant de régler l'indemnité qui doit lui être attribuée, il faut savoir s'il y a
lieu à ce qu'il soit indemnisé.

L'acheteur, nous l'avons vu, est fort intéressé à exercer ce
droit, car si le vendeur, qui n'a pas été appelé au procès,
prouve qu'il existait des moyens suffisants pour faire rejeter
la demande, que le revendiquant ait obtenu gain de cause
par un jugement en dernier ressort ou dont l'appel n'est
plus recevable, la garantie pour cause d'éviction cesse
complètement (art. 1640).

Les articles 175 et suivants du Code de procédure civile
règlent la forme de l'action en garantie.

On distingue deux espèces de garantie, la garantie formelle, à laquelle donne lieu l'exercice d'une action réelle
intentée contre le défendeur; la garantie simple, exercée
soit par le défendeur à une action personnelle, soit par
une caution.

Dans le cas que nous étudions, il s'agit de la garantie
formelle. Le garant peut prendre le fait et cause du garanti.
Pour le demandeur, peu importe qui défend à une action
dont l'objet est la propriété d'un immeuble, par exemple.
Mais cette substitution du garant au garanti est facultative
de la part du premier. Il peut intervenir simplement. Alors
le jugement qui condamnera l'acheteur à délaisser le condamnera lui-même à payer les dommages-intérêts dont il
sera redevable. — Si, au contraire, le vendeur prend,
comme il en a le droit, le fait et cause de l'acheteur, poursuivi par une demande en revendication, celui-ci peut lui-
même ou rester partie au procès ou se faire mettre hors
de cause, et, même dans le cas où il est mis hors de cause,
il lui est permis d'assister au procès pour la conservation
de ses droits. Cette position lui offre un double avantage;
d'abord, toujours représenté par un avoué, il peut rentrer
dans l'instance, quand il le juge convenable, par une
simple déclaration aux parties, et sans recourir à la pro-

cédure d'intervention; en second lieu, au dernier moment
de l'instance, il peut présenter des conclusions pour faire
condamner son garant envers lui dans le cas où le jugement condamnerait ce garant envers le demandeur et par
ce jugement même. — Enfin le demandeur peut exiger que
le garanti reste dans la cause pour la conservation des
droits qui lui appartiennent à lui-même; par exemple, il
réclame de l'acheteur des fruits perçus ou des dégradations
faites de mauvaise foi.

Telles sont, en résumé, les dispositions les plus importantes du Code de Procédure sur notre sujet. Il est facile de
voir combien elles sont favorables pour l'acheteur. Mais
une fois que le vendeur a rempli ses obligations, on ne peut
plus lui rien demander. Si le revendiquant a, par certains
faits, causé un dommage à l'acheteur, le vendeur n'est pas
obligé d'indemniser celui-ci ou de répondre de la condamnation obtenue par lui contre le revendiquant. Les faits des
tiers ne peuvent être mis à sa charge. Dès qu'il a fait rejeter
la revendication, il est quitte de ses obligations.

Quand la demande est écartée, les frais et dépens sont
supportés par le demandeur; s'il est insolvable, faut-il les
laisser à la charge du vendeur ou à celle de l'acheteur?
Dans le cas où le premier est seul resté en cause, lui seul
doit acquitter des impenses qui n'intéressent que lui. Mais
l'acheteur peut n'avoir pas appelé son vendeur; en cas d'é-
viction, le doute ne serait pas possible et les frais seraient
définitivement acquittés par le vendeur; nous supposons
que le demandeur est débouté; dans notre espèce, le vendeur a rempli ses obligations; il ne peut, dit-on, être responsable du fait des tiers, de toute action injuste dirigée
contre son acheteur : il est libéré dès qu'il a fait cesser le
trouble. C'est lui cependant qui supportera les frais et dépens, selon M. Duvergier : d'abord si l'acheteur, au moment
du contrat, avait connu l'existence de cette prétention, il
eût exigé que le vendeur la fît cesser ou lui promît de le
rendre indemne; s'il n'y avait pas eu de vente, ce serait
contre celui qui est à présent le vendeur que l'action serait
dirigée, et ce serait lui qui en subirait toutes les conséquences : enfin, dit M. Duvergier, « l'acheteur peut con-

traindre le vendeur à prendre son fait et cause et se tenir à
l'écart. Il est certain que, s'il use de ce droit, la contestation
n'ayant lieu qu'entre le demandeur originaire et le vendeur,
celui-ci sera seul exposé à toutes les chances, à raison des
frais (1). » Cela indique bien que toute la défense est à la
charge du vendeur. Ce dernier argument est facile à réfuter : c'est du vendeur seul qu'il dépend de prendre le fait
et cause de l'acquéreur ; tout ce que celui-ci est en droit
d'exiger, c'est qu'il intervienne ; mais lors même qu'il intervient, la contestation n'en a pas moins lieu entre le demandeur originaire et l'acheteur. Cet argument une fois
écarté, il ne semble pas qu'on ait rien à répondre à cette
raison que le vendeur n'est pas responsable du fait des
tiers.

Section II. — Obligation soit de restituer le prix à l'acheteur et de lui fournir, s'il y a lieu, des dommages-intérêts
au-delà de ce prix, soit de lui fournir des dommages-intérêts
seulement.

En droit Romain, l'éviction donnait lieu à l'action *ex
empto*. L'acheteur qui l'exerçait se faisait indemniser par
le vendeur du dommage qu'il éprouvait. On ne considérait
pas si la valeur de la chose, au moment où elle lui était
enlevée, était inférieure ou supérieure au prix qu'il avait
payé pour en devenir acquéreur, on considérait la chose
en elle-même, et l'on attribuait à l'acquéreur évincé une
indemnité égale à la valeur qu'elle avait à cette époque.
Le secours donné à l'acquéreur ne parut pas suffisant. On
prit l'habitude d'ajouter au contrat de vente la *stipulatio
duplæ*, par laquelle le vendeur s'engageait à fournir à l'acquéreur, en cas d'éviction, le double du prix qu'il recevait
de lui. Cette promesse donnait naissance à l'action *ex stipulatu duplæ*. On donna à l'acheteur le droit de l'exiger,
quand elle n'avait pas accompagné le contrat de vente lui-
même. Ici, l'idée d'indemnité disparaît complètement ; le

(1) 386.

vendeur est obligé, parce qu'il a fait une promesse verbale; il est obligé strictement, invariablement, à ce qu'il a promis, parce qu'il est lié par un contrat de droit strict.

Les différences étaient nombreuses entre les deux actions : elles tenaient surtout à ce que l'action *ex empto* était de bonne foi, l'action *ex stipulatu* de droit strict. Ce n'est pas le lieu de les énumérer. Ce qu'il fallait remarquer ici, c'est la différence des condamnations auxquelles l'une et l'autre pouvaient donner lieu, différence qui provenait, au reste, de la même cause que les autres. Par l'action *ex empto*, l'acheteur se faisait indemniser, car la bonne foi obligeait le vendeur à réparer le dommage qu'il causait en n'exécutant pas ses obligations. Par l'action *ex stipulatu*, l'acheteur obtenait le double du prix qu'il avait payé, car c'était ce double qui lui avait été promis par le vendeur.

Dumoulin crut trouver une autre doctrine dans les textes Romains.

Selon lui, l'action *ex empto* comprend deux chefs : l'un fixe, à savoir le prix convenu; l'autre variable, à savoir l'intérêt de l'acheteur, quand il s'élève au-dessus du prix. Ces deux chefs sont nettement distingués dans un certain nombre de lois. Ainsi la loi 43, ff. *de act. Empti*, dit que l'action « *non pretium continet tantum, sed omne quod interest emptoris servum non evinci.* » On peut également argumenter des lois 60, 70, 74, pp. *de Evictionibus.* Le premier chef donne droit au prix ou à une partie du prix; en cas d'éviction partielle, on estime la valeur que la portion enlevée à l'acheteur avait au moment de la vente, aussi bien dans l'action *ex empto* que dans l'action *ex stipulatu* (l. 1 et l. 13 *de Evict.*). C'est au second chef seulement que s'appliquent les lois qui prescrivent de prendre en considération l'augmentation ou la diminution de la valeur de la chose et par suite de l'intérêt de l'acheteur.

Toutes les fois que les lois parlent d'une action intentée à propos d'une éviction, sans la désigner expressément, c'est de l'action *ex empto* qu'il s'agit; car l'action *ex stipulatu* est exceptionnelle, l'action *ex empto* est de droit commun; et toutes les fois que cette action est donnée soit expressément, soit tacitement, elle comprend les deux chefs (l. 8 et 9 *de Hered. rel act, vend*). Le second chef fait défaut, quand l'acheteur n'a pas un intérêt supérieur au prix, qu'il ne peut faire la preuve et quand les parties l'ont exclu par leur convention (l. 11, §. 18 *de act. empti*).

Dumoulin justifie avec chaleur cette théorie : il suppose un fonds de terre qui a été vendu mille, et dont la valeur est accidentellement descendue à cinq cents. Pourquoi le vendeur, en cas d'éviction, ne serait-il pas forcé de restituer mille? Il n'était pas propriétaire : gardera-t-il la moitié de l'argent de l'acheteur, au détriment de celui-ci, à cause d'une dépréciation accidentelle de la chose vendue? Faut-il que celui qui a trompé trouve à gagner, quand celui qui a été trompé est en perte? La chose entière est enlevée à l'acheteur, il doit recouvrer le prix tout entier.

Il en est de l'éviction comme du défaut de tradition. Il y a des lois qui parlent d'estimation. Mais l'estimation ne peut servir qu'à étendre l'obligation du vendeur, non à la diminuer. C'est ainsi qu'il faut entendre la loi 8 *de Hered. rel act. vendita* (1).

Cette doctrine a été soutenue par Pothier. « Il est de la nature de tous les contrats commutatifs et synallagmatiques, tels qu'est le contrat de vente, que l'une des parties ne contracte son engagement envers l'autre qu'à la charge que l'autre partie ne manquera pas au sien. C'est pourquoi, n'ayant contracté envers mon vendeur l'engagement de lui payer le prix qu'autant qu'il ne manquerait pas au sien et mon vendeur y ayant manqué par le défaut de tradition, ou faute de me défendre de l'éviction que j'ai soufferte, l'obligation que j'avais contractée envers lui de lui payer le prix, de même que le droit qui résultait à son profit de son obligation, se résolvent. Mon vendeur cesse dès lors d'avoir aucun droit au profit que je me suis obligé de lui payer, d'où il suit qu'il ne peut en rien exiger et que s'il a été payé, il n'en peut rien retenir et que je le puis répéter en entier, *condictione sine causa* (2). »

(1) Dumoulin, *de Eo quod interest*, 68 et 60.
(2) Contrat de vente, 2ᵉ partie, ch. 1, sect. 1, art. V, §. 4.

Domat, au contraire, est resté fidèle à la tradition aban-
donnée par Dumoulin et Pothier, et, comme tous les anciens
interprètes du droit Romain, il a pensé que l'action *ex
empto* obligeait seulement le vendeur à indemniser l'acheteur de la perte par lui soufferte. D'après lui, dans tous
les cas, « où la chose vendue vaut moins au temps de l'é-
viction, que le prix que l'acheteur en avait donné, il ne
pourra recouvrer contre le vendeur que la valeur présente,
lorsqu'il est évincé, car ce n'est qu'en cette valeur présente
que consiste la perte qu'il souffre; et comme la diminution
qui avait précédé regardait l'acheteur, il ne doit pas profiter
de l'éviction. » (1) Si, au contraire, la chose a augmenté de
valeur, le vendeur sera tenu au-delà du prix.

Ce système se fonde sur des textes nombreux : la loi 23,
Cod. *de Evict.*, dit qu'il est dû à l'acheteur en cas d'éviction
« *quanti tua interest , non quantum pretii nomine dedisti.* »
Quand une personne vend à une autre des droits successifs
qui n'existent pas, la loi 8 pp. *de Hered. vel act. vend.* veut
qu'on estime ce qu'ils vaudraient, s'ils existaient. La loi 70
pp. *de Evict.* déclare que la diminution de valeur « *damnum emptoris est.* » La loi 45 pp. *de act. Empti* contient une
décision analogue.

Il semble que des textes si nombreux et si clairs aient dû
faire hésiter les jurisconsultes qui avaient embrassé l'opinion
contraire; mais, comme dit M. Bugnet (2), « Dumoulin ayant
posé en principe les deux chefs dont nous avons parlé, l'un
fixe et l'autre variable, il n'est plus embarrassé; il rapporte
toutes les lois qui lui sont contraires au chef qui peut éprouver des variations, c'est-à-dire aux dommages-intérêts. »
Une loi dit-elle que la dépréciation de la chose retombe sur
l'acheteur, on répond qu'elle le prive de dommages-intérêts,
et par conséquent le constitue en perte; une autre loi or-
donne-t-elle l'estimation des droits vendus , cette estimation ne peut servir qu'à augmenter l'obligation du vendeur
en le forçant de payer des dommages-intérêts , mais ne

(1) Domat, lois civiles, liv. I, tit. II , sec. X, 14.
(2) Sur Pothier, *loc. cit.*

saurait la réduire au-dessous du prix. Enfin, si un Empereur décide que le vendeur doit payer « *quanti tuâ interest, non quantum pretii nomine dedisti,* » il a voulu dire : « *non solum quantum pretii* » etc.

Cette manière d'entendre les lois est singulièrement arbitraire ; mais les jurisconsultes ont été souvent forcés de faire aux textes Romains d'importantes corrections pour les concilier les uns avec les autres et pour les mettre d'accord avec les principes généraux du droit ou avec la raison. Etait-il donc nécessaire d'introduire dans les divers fragments que je viens d'énumérer des additions si importantes? Le système de Dumoulin repose, à vrai dire, sur un texte unique, la loi 43 ff. *de act. empti*, et sur les expressions : *non pretium continet tantum, sed omne quod interest emptoris*. Mais la décision que Dumoulin représente comme générale, et qu'il veut ériger en règle, n'est qu'une décision particulière, la réponse d'un jurisconsulte dans une espèce où la chose vendue acquiert une plus-value entre les mains de l'acheteur. Il ne faut pas étendre les décisions particulières hors des cas pour lesquels elles sont rendues. En laissant à la loi 43 son sens naturel, on peut se dispenser de corriger arbitrairement les lois que j'ai citées plus haut. Il ne faut donc pas hésiter à repousser le système de Dumoulin.

La loi 64, §. 1, *de Evict.*, citée par Domat à l'appui de son système, doit être écartée; elle est faite pour l'action *ex stipulatu*, non pour l'action *ex empto*. Mais ce qui est décisif, c'est la loi 66, §. 3, du même titre. Cette loi suppose un partage entre co-propriétaires : ils se garantissent l'un l'autre, de manière qu'en cas d'éviction, « *quanti suâ interest actor consequatur, scilicet ut melioris aut deterioris agri facti causa finem pretii, quo fuerat tempore divisionis æstinatus, deminuat vel excedat.* » L'échange, qui équivaut au partage, est assimilé à la vente; l'action de bonne foi *præscriptis verbis* qui naît du partage ou de l'échange est traitée comme l'action *ex empto* qui naît de la vente.

Dumoulin, soutenant qu'en principe dans le droit Romain la garantie des copartageants se borne à la somme pour laquelle l'objet évincé a été estimé, restreint la loi 66,

§. 3 au cas où l'éviction procède du fait particulier d'un de ces copartageants, où elle est opérée par ses créanciers hypothécaires. Mais il n'y a aucune raison pour entendre ainsi cette loi.

Quant aux considérations que font valoir Dumoulin et Pothier, elles s'accordent mal avec les principes du droit Romain, auquel les jurisconsultes prétendent les avoir empruntées. En droit Romain, le vendeur contracte certaines obligations parmi lesquelles se trouve celle de garantir l'acheteur contre les évictions, et, s'il ne réussit pas à repousser la prétention du tiers, d'indemniser du moins cet acheteur du dommage qui lui est causé. Mais, dit-on, le prix est payé sans cause, partant il peut être répété, l'acheteur a même la *condictio sine causa*. Il serait étrange qu'aucune loi romaine n'eût parlé de cette *condictio*, si elle était, en effet, accordée à l'acheteur. Mais n'importe, il est faux que le prix soit payé sans cause. L'acheteur paie parce qu'il s'est engagé; son engagement lui-même ne manque pas de cause; car le vendeur a contracté certaines obligations, et les obligations étaient la cause de celles par lesquelles l'acheteur s'est lié de son côté. Une éviction a lieu : les obligations du vendeur ne subsisteront-elles plus? Mais alors sur quoi est fondé le second chef de l'action *ex empto* dans le système de Dumoulin? Si le vendeur n'est plus obligé, pour quelle raison le force-t-on à payer à l'acheteur des dommages-intérêts? S'il est encore obligé, l'acheteur peut-il prétendre que son propre engagement est nul, et que le prix lui doit être restitué, comme ayant été payé sans cause? La cause de son engagement, de cet engagement en vertu duquel il devait un certain prix, n'était autre que l'obligation de l'autre partie envers lui, obligation qui subsiste, obligation que lui-même invoque.

La doctrine de Dumoulin était fondée sur une erreur. Mais elle avait été embrassée par Pothier, et les rédacteurs du Code civil n'hésitèrent pas à la consacrer par l'article 1629. Dumoulin et Pothier avaient tort de la soutenir, puisque leur premier devoir était d'interpréter fidèlement le droit Romain. La raison devait passer avant le droit Romain dans l'esprit des rédacteurs du Code. Il faut examiner maintenant

8

quelle est la valeur du système qu'ils ont adopté et comment il s'accorde avec les principes du Code.

La vente française diffère essentiellement de la vente romaine. Chez nous le vendeur ne s'oblige pas seulement à faire avoir à l'acheteur la libre possession de la chose, il s'engage à lui en transférer la propriété, bien plus, la vente elle-même suffit pour opérer la translation, et, comme la propriété d'une chose ne peut être transférée que par celui qui en est lui-même propriétaire, la vente de la chose d'autrui est nulle.(1599). Si la vente est nulle, il est vrai de dire que l'obligation contractée par l'acheteur de payer un certain prix, n'a pas de cause, que le paiement qu'il a fait pour s'en libérer est également sans cause, d'où il résulte que le prix doit lui être restitué. En vain objecterait-on que l'acheteur, profitant des accroissements de valeur, doit supporter les pertes. Cela est vrai, mais tant qu'il est acheteur, tant que la vente subsiste. Il a consenti à courir les chances d'une diminution de valeur, mais non celles d'une éviction qui détruisait complètement pour lui la valeur de la chose. On ne pourrait dire non plus que le vendeur ne doit pas répondre de la négligence de l'acheteur, si c'est cette cause qui a diminué la valeur de la chose vendue, car l'acquéreur a pu négliger une chose qu'il croyait sienne, et sa négligence ne fait pas qu'il ait été rendu propriétaire, que son obligation ait une cause.

Mais si la vente est nulle, est-il juste de soumettre le vendeur à l'obligation de payer à l'acheteur des dommages-intérêts (1599, deuxième phrase)? Un acte nul peut-il l'obliger? Je ferais une distinction parmi les dommages-intérêts : je donnerais une décision différente pour l'accroissement de valeur survenu par le fait de l'acheteur et pour celui qui a pu survenir par cas fortuit. Par exemple. une personne achète un terrain ; elle croit que le vendeur en était propriétaire, et par conséquent elle pense l'être devenue après lui ; elle y bâtit, elle y plante; un tiers revendique contre elle; je n'examine pas en ce moment si elle a quelque droit contre ce tiers; il est tout naturel que le vendeur, même de bonne foi, soit astreint à l'indemniser de la perte qu'elle éprouve. « Tout fait quelconque de

l'homme, qui cause à autrui un dommage, oblige celui par
la faute duquel il est arrivé à le réparer, » dit l'art. 1382.
Un dommage est causé à l'acheteur qui a fait des dépenses
dont un tiers va profiter; il lui est causé par le fait du vendeur; celui-ci est obligé à le réparer. Rien de plus conforme aux principes de notre Code.

Mais le vendeur doit tous les dommages-intérêts, sans
distinction; l'article 1633 porte : « Si la chose vendue se
trouve avoir augmenté de prix à l'époque de l'éviction,
indépendamment même du fait de l'acquéreur, le vendeur
est tenu de lui payer ce qu'elle vaut au-dessus de la vente. »
Qu'est-ce à dire? Une fois l'éviction accomplie, le vendeur
est-il obligé, parce qu'il est vendeur, par une conséquence
naturelle et nécessaire du contrat de vente, à indemniser
l'acheteur de la perte par lui éprouvée? Si la vente l'oblige
encore, c'est qu'elle subsiste; par conséquent l'obligation de
l'acheteur avait une cause, et le paiement a été valable. Si
la vente est nulle, comment la seule qualité de vendeur
fait-elle naître une obligation? et ne tombe-t-on pas dans
la contradiction que signale M. Bugnet (sur le §. 69 de
Pothier) : « Avec la doctrine de Dumoullin et de Pothier,
on arrive à dire qu'au cas de détérioration de la chose et
ensuite d'éviction, le contrat de vente est résolu, réduit *ad
non esse*; mais au contraire, en cas d'augmentation de
valeur, le contrat subsiste, le vendeur est tenu de ses obligations, et par conséquent d'indemniser; ce résultat est
assez singulier. »

On pourrait peut-être se fonder sur l'art. 1382 pour expliquer l'art. 1633. L'acheteur qui a payé une maison cinquante
mille francs et qui en est évincé, lorsqu'elle vaut soixante
mille francs, éprouve un dommage de dix mille francs; par
la faute de qui? Par la faute du vendeur ; celui-ci doit l'indemniser. Ce raisonnement est vicieux. Je vous vends une
maison appartenant à autrui, la vente est nulle, c'est le
Code qui le dit. A quel titre viendriez-vous réclamer la plus-
value de dix mille francs? comme acheteur. Mais pouvez-
vous vous prévaloir du titre d'acheteur quand l'acte qui
vous le confère est nul? Le revendiquant vous enlève une
plus-value que vous pensiez vous appartenir, mais sur la-

quelle, à proprement parler, vous n'aviez aucun droit. Vous n'éprouvez pas un dommage réel, vous n'avez aucune indemnité à réclamer.

Il n'y a même pas lieu de distinguer si le vendeur est de bonne ou de mauvaise foi, l'acheteur n'éprouvant aucun dommage réel, et ne pouvant avoir de droit contre le vendeur qu'autant que ses intérêts réels sont lésés par l'éviction et dans la mesure de cette lésion.

Mais, dit-on, l'article 1382 met à la charge de celui qui a commis le quasi-délit le *lucrum cessans* aussi bien que le *damnum emergens*. Le *lucrum cessans*, dans l'espèce, est des 10,000 francs que l'acheteur aurait acquis s'il avait été rendu propriétaire. — Il faut distinguer : toute personne est, il est vrai, responsable des actes qu'elle a faits, mais non des actes qu'elle n'a pas faits. Je suppose que Paul eût vendu sa propre chose, l'acheteur en fût devenu propriétaire, la plus-value de 10,000 francs lui eût profité, Paul a vendu la chose d'autrui; la chose acquiert une plus-value de 10,000 francs; elle ne profite pas à l'acheteur qui est évincé; cette perte du gain sur lequel il avait compté vient, non pas de ce que Paul lui a vendu la chose d'autrui; mais de ce que Paul ne lui a pas vendu sa chose, ne l'en a pas rendu propriétaire, non de l'acte que Paul a fait, mais de ce qu'il n'a pas fait un autre acte. Quel est le *lucrum cessans* résultant de ce que Paul a vendu la chose d'autrui? Le gain qu'aurait pu faire l'acheteur, s'il avait employé autrement son argent. Ce gain est trop incertain pour être estimé; le vendeur n'en saurait être responsable. Mais ce gain ne s'estime-t-il pas facilement, et, d'après l'attente même de l'acheteur, n'est-il pas de la plus-value? Écartons les espérances de l'acheteur; le *lucrum cessans* est ce qu'une personne a manqué réellement de gagner, non ce qu'elle avait espéré gagner, et si l'acheteur a manqué réellement de gagner la plus-value, c'est parce que Paul ne lui a pas vendu sa chose, non parce qu'il lui a vendu la chose d'autrui. — Mais si l'acheteur n'eût pas traité avec Paul, pour se faire vendre la chose, il eût traité avec le vrai propriétaire. Cela est faux : l'acheteur ne peut obtenir de dommages-intérêts que s'il était de bonne foi au moment de la vente; il croyait Paul propriétaire; il ne se serait pas adressé à un autre. Mais, en vendant, Paul s'est obligé à rendre l'acheteur propriétaire; mais son obligation dérive de la vente, et ne peut subsister quand celle-ci est déclarée nulle.

Ce qui prouve la vérité de ces observations, c'est qu'en général le donateur n'est pas tenu de la garantie, à défaut de convention expresse, et sauf quand c'est pour cause de dot qu'il a fait une donation. La seule obligation qu'il ait, c'est de rembourser au donataire les frais faits par celui-ci, s'il lui a donné sciemment la chose d'autrui; car il a commis une faute et l'article 1382 le rend responsable des conséquences qu'elle peut avoir. Mais jamais, qu'il ait été de bonne ou de mauvaise foi, il ne répond de l'accroissement de la chose, de la plus-value qu'elle a pu acquérir indépendamment du fait du donataire. C'est ce que décidait déjà le droit Romain. La loi 18, §. 3, ff. *de Donat.* donne au donataire ainsi trompé l'action *de dolo* pour recouvrer les dépenses qu'il a faites sur la chose par suite de son erreur.

Que faut-il conclure de ce qui précède? C'est que le Code a dû admettre la restitution du prix, la vente de la chose d'autrui étant nulle; c'est qu'il a pu imposer au vendeur l'obligation d'indemniser l'acheteur de la plus-value que la chose avait acquise par le fait de celui-ci, conformément au principe posé par l'article 1382; mais qu'il s'est contredit lui-même en admettant que le vendeur serait également forcé de payer la plus-value survenue « indépendamment même du fait de l'acquéreur. »

Ce n'est pas que la vente de la chose d'autrui ne puisse produire certains effets; elle donne à l'acheteur de bonne foi un droit sur les fruits; elle permet de prescrire. Mais ces effets ne sont pas ceux du contrat de vente : l'équité veut que l'acheteur de bonne foi ne soit pas privé des fruits; l'intérêt public exige que la prescription assure la tranquillité de tous. Les principes du droit s'opposent, au contraire, à ce que le vendeur soit tenu de la plus-value qui survient sans le fait de l'acheteur. D'ailleurs, il faut le remarquer, la faculté de prescrire, celle de faire les fruits siens, parce qu'on est de bonne foi, et tant qu'on est de bonne foi, ne

résulterait pas d'une vente valable : une vente transfére-
rait purement et simplement la propriété. On comprend
qu'un acte, différent de la vente, ait des effets différents.
Est-ce une raison pour admettre que cet acte aura un effet
commun avec la vente, je dis plus, un effet qui, logique-
ment, ne saurait résulter que de la vente?

C'est conformément à ces principes que la cour de Paris,
ayant à statuer dans une espèce où la responsabilité d'une
personne était fondée uniquement sur l'article 1382, où un
adjudicataire agissait contre un poursuivant, décida que
la demande « devait être restreinte au remboursement des
frais qui pouvaient avoir été légitimement payés par Delespinatz, pour l'adjudication faite à son profit (30 avril 1834). »

— Nous allons étudier à présent les dispositions du
Code. Voici comment l'art. 1630 décompose l'obligation de
l'acheteur. « Lorsque la garantie a été promise ou qu'il n'a
rien été stipulé à ce sujet, si l'acquéreur est évincé, il a
droit de demander contre le vendeur 1° la restitution du
prix ; 2° celle des fruits, lorsqu'il est obligé de les rendre
au propriétaire qui l'évince ; 3° les frais faits sur la demande en garantie de l'acheteur et ceux faits par le demandeur originaire ; 4° enfin les dommages et intérêts, ainsi
que les frais et loyaux coûts du contrat. »

Nous examinerons successivement ces différents chefs,
puis nous les réduirons à deux, la restitution du prix et
les dommages-intérêts.

I. *Restitution du prix*. — Le vendeur doit toujours restituer en entier le prix qu'il a reçu, même « lorsqu'à l'é-
poque de l'éviction la chose vendue se trouve diminuée
de valeur ou considérablement détériorée, soit par la négligence de l'acheteur, soit par des accidents de force majeure (art. 1631). » Le droit qu'a l'acheteur de se faire restituer le prix n'est pas fondé sur le dommage qu'il éprouve
et sur l'obligation imposée au vendeur de réparer ce dommage ; c'est une espèce de *condictio indebiti*, le mot est dans
Pothier. Le vendeur détiendrait indûment un prix auquel
il ne saurait avoir droit que s'il avait rendu l'acheteur propriétaire de la chose vendue, comme il s'y était engagé.
Cette chose a beau être détériorée par une force majeure ou

par la négligence de l'acheteur, celui-ci n'en a pas été rendu propriétaire ; partant il peut réclamer un prix qu'il a payé sans cause.

On doit comprendre dans le prix les pots de vin ou *épingles* que l'acheteur a payés en exécution des conventions faites lors de la vente, ou même d'après une convention postérieure au contrat, ainsi que cela a lieu quelquefois.

On doit aussi comprendre les intérêts que l'acheteur a payés en vertu d'une clause du contrat, lorsque la chose, comme un emplacement pour bâtir, n'a point donné de fruits à l'acheteur. Ces intérêts, comme accessoire du prix, l'ont augmenté réellement puisqu'ils sont sortis aussi de la bourse de l'acheteur.

Le prix produit des intérêts à compter du jour du jugement. On assimile l'acquéreur évincé au vendeur à qui le prix est dû : celui-ci a droit, en vertu de l'article 1652, aux intérêts qui comprennent la jouissance dont il s'est dépouillé : celui-là est également privé d'une jouissance et doit, en compensation, percevoir les intérêts du prix qui lui est dû.

Cet article est rigoureux pour le vendeur. M. Marcadé y apporte un tempérament. Il suppose que le bien vendu a été dégradé par la négligence de l'acheteur, et que le vendeur convaincu de mauvaise foi est, en vertu de l'art. 1382, condamné à indemniser le propriétaire du préjudice que lui causent les dégradations et par conséquent la vente elle-même. Il admet que ce vendeur pourra recourir contre l'acheteur, en vertu de l'article 1383, réclamer le montant de sa condamnation, et par conséquent le déduire du prix qu'il s'est obligé à restituer. Cette décision est tout à fait contraire au texte de l'article 1631, qui prévoit précisément le cas où la détérioration de la chose est survenue par suite de là négligence de l'acheteur. Le vendeur doit restituer le prix parce qu'il le détient sans cause. C'est sa mauvaise foi qui le rend responsable des dégradations envers le propriétaire. Serait-il équitable de faire supporter à l'acheteur les conséquences de la mauvaise foi d'autrui ?

La chose peut avoir péri pour partie avant d'être enlevée

au propriétaire : le prix sera-t-il alors restitué en entier?
Papinien se posait cette question dans la loi *mille* (l. 64),
de Evictionibus, relativement à l'action *ex stipulatu*, et il
déclarait la stipulation commise pour le tout. Cette décision, il faut le reconnaître, ne semble pas s'accorder avec
celle qu'il donne dans la même loi pour l'hypothèse d'une
éviction partielle, survenant après une perte partielle : soit
un fonds de 1,000 arpents, le fleuve en a enlevé 200, un revendiquant réclame le quart du fonds, sa prétention est
reconnue fondée, il obtient le quart du fonds réduit à
800 arpents, soit 200 arpents ; Papinien, faisant profiter le
vendeur de la perte partielle, dit que la stipulation n'est
commise que pour le cinquième. Pothier ne pouvant concilier ces deux décisions, fait prévaloir la dernière et dispense le vendeur de restituer le prix de deux cents arpents
enlevés avant l'éviction (1). Quant à cette raison apportée
par Dumoulin à l'appui du sentiment de Papinien, « *toto*
résiduo jure totius evicto, verba stipulationis verificantur
in toto, quia totum residuum est totus fundus, et totus evin-
citur, » il trouve qu'elle a « plus de subtilité que de soli-
dité. » On n'a pu évincer l'acheteur de ce qui n'existait plus.

Il est difficile de faire rentrer cette hypothèse parmi celles
dont s'est occupé l'article 1631 et de voir dans la perte partielle une *diminution de valeur de la chose*. C'est une diminution de la chose elle-même. Mais, à défaut du texte, les
principes doivent prévaloir; l'article 1631 est fondé sur ce
que la détérioration ou la diminution de valeur ne font pas
que l'acheteur ait été rendu propriétaire et ne servent pas de
cause à l'obligation de l'acheteur. L'effet qu'elles n'ont pas,
l'éviction partielle ne saurait l'avoir, et, comme dit Dumoulin, *toto residuo, jure totius, evicto*, quand tout ce
qui reste est enlevé en vertu d'un droit qui s'étend sur
tout l'objet, je n'ajouterai pas : la stipulation est commise,
mais l'acheteur n'a pas été rendu propriétaire, le vendeur
n'a pas accompli son obligation, donc il retient le prix sans
cause et il doit le restituer.

(1) 155.

Si une partie de la chose a péri, mais qu'elle ait reçu une augmentation, faut-il compenser cette augmentation avec la perte ? Cinq arpents ont été enlevés par le fleuve, l'alluvion en a restitué un nombre égal. Selon M. Troplong, une compensation s'opère entre ce qui a été perdu et ce qui a été acquis par le fonds. M. Marcadé critique l'emploi du mot de compensation; le premier événement, la perte partielle, n'ayant pas diminué le droit qu'avait l'acheteur de se faire rendre le prix tout entier, quel pourrait être l'objet de cette compensation prétendue, et comment le second événement, l'augmentation, viendrait-il détruire un résultat qui ne s'est pas produit? Ce qu'il faut dire, c'est que l'article 1633 n'accordant de dommages-intérêts à l'acheteur que pour ce que la chose « vaut au-dessus du prix de la vente, » et les cinq arpents venant dans l'espèce rendre au bien la valeur qu'il avait avant la perte partielle et au moment de la vente, il n'y aura pas lieu à des dommages-intérêts.

Il me semble que la critique de M. Marcadé contre M. Troplong ne serait pas juste si c'était l'augmentation qui survenait avant la perte. L'augmentation créerait à l'acheteur un droit que la perte lui enlèverait : on pourrait dire qu'il y a compensation.

Quand nous disons qu'il n'y a pas lieu à des dommages-intérêts, nous n'entendons parler que de ceux qui seraient réclamés à cause de l'augmentation du fonds. Il est évident que l'acheteur devra toujours être indemnisé des améliorations qui auront accru la valeur intrinsèque des terres, le jour où il en est dépouillé, de la différence existant entre la valeur des arpents vendus, mais enlevés par le fleuve, et celle des arpents apportés par l'alluvion, si ceux-ci ont plus de prix que les autres.

L'éviction d'un fonds dégradé donne à l'acquéreur le droit de répéter la totalité du prix qu'il avait versé entre les mains de son vendeur, mais c'est à une condition, c'est qu'il n'ait pas lui-même profité des dégradations. Si l'acquéreur a tiré profit des dégradations par lui faites, le vendeur a droit de retenir sur le prix une somme égale à ce profit (art. 1632). » Par exemple, l'acheteur a vendu une futaie; la vente a diminué la valeur de son fonds, mais elle lui a profité; il ne faut pas qu'il reçoive deux fois le prix de la même chose, d'abord de celui qui l'aurait acquise, ensuite du vendeur originaire.

Le vendeur déduira également du prix ce qu'il aura précédemment payé à l'acquéreur pour l'indemniser soit d'une charge non déclarée, soit d'un défaut de contenance, soit d'évictions partielles antérieures. Il ne faut pas qu'il soit contraint de restituer la totalité du prix, quand il en a par avance restitué des parties.

Si le vendeur, avant la vente, fait des améliorations sur le fonds, et que le propriétaire ait remboursé la plus-value à l'acquéreur, ce qui aura été payé à celui-ci sera imputé sur le prix qu'il réclame du vendeur, car c'est déjà une partie du prix, jadis payé par lui à ce vendeur, que le propriétaire lui a restitué.

Mais le vendeur ne peut faire valoir qu'il a payé certaines sommes, quand ce n'est pas l'acheteur qui les a touchées. Par exemple il a transigé avec un premier revendiquant; il ne faisait qu'acquitter une obligation, celle de défendre l'acheteur contre les troubles et évictions; mais il reste obligé à le défendre contre ceux qui pourraient survenir dans la suite, et, si l'acquéreur est évincé pour le tout, à l'indemniser pour le tout.

Quand il y a plusieurs ventes successives, quel est le prix qui doit être restitué à l'acquéreur évincé? Est-ce celui que lui-même a payé ou celui qui a été convenu dans une des ventes précédentes? En examinant la nature des droits accordés au dernier acquéreur contre les garants de ceux qui doivent le garantir, nous avons été amenés à considérer l'hypothèse où le prix payé par un second acquéreur, Tertius, était inférieur à celui que le premier acquéreur, Secundus, avait versé entre les mains du premier vendeur, Primus; et nous avons décidé que Tertius ne pouvait demander à Primus plus qu'il n'aurait eu le droit de réclamer de Secundus.

Supposons l'hypothèse inverse. Primus avait vendu 10,000 francs à Secundus, celui-ci a vendu 15,000 francs à Tertius. Tertius, évincé, peut-il demander 15,000 francs à

Primus? Cela est bien certain, car il les pourrait exiger, à titre de restitution de prix, de Secundus, qui, lui-même, serait fondé à réclamer autant de Primus, partie à titre de restitution de prix, partie à titre de dommages-intérêts. Or, Secundus n'a-t-il pas transféré la chose à Tertius, *cum omni sua causa?*

A quelle personne l'acquéreur évincé peut-il demander la restitution du prix? Peut-il la demander au cessionnaire du vendeur, par exemple au créancier à qui celui-ci avait délégué la somme à recevoir? Non, car le cessionnaire n'a pas pris part à la vente. Mais du moins il faut accorder à l'acquéreur la *condictio indebiti*, aux termes de l'article 1377.

II. *Restitution des fruits lorsque l'acquéreur est obligé de les rendre au propriétaire qui l'évince.*

Le possesseur évincé doit rendre tous les fruits de la chose depuis le jour où il est entré en possession, s'il a toujours été de mauvaise foi, du jour où la mauvaise foi a commencé, si elle est survenue plus tard, du jour de la demande, s'il a été constamment de bonne foi.

Nous verrons plus bas que d'après l'article 1599 l'acheteur n'a droit à des dommages-intérêts que lorsqu'il a ignoré que la chose fût à autrui. Or la restitution des fruits rentre dans les dommages-intérêts, comme nous le verrons, donc elle n'a lieu dans notre espèce que si la mauvaise foi a commencé à une époque postérieure à celle du contrat de vente.

Pothier dispensait le vendeur de restituer la valeur des fruits perçus depuis la demande, quand il avait prévenu l'acheteur qu'elle était fondée et qu'il avait consigné une somme suffisante pour la garantie. M. Duranton pense que la déclaration, suivie de la consignation, pourra encore, suivant les circonstances, dégager la responsabilité du vendeur. Il faut apprécier l'intérêt de l'acheteur (1).

III. *Frais faits sur la demande en garantie de l'acheteur et frais faits par le demandeur originaire.*

Pothier (2) déclarait le vendeur tenu seulement des dé-

(1) 290.
(2) 109.

pens faits depuis qu'il avait été mis en cause, et du coût
de l'exploit de la demande originaire. La plupart des auteurs
reproduisent ce tempérament, en alléguant que le vendeur
ne peut être ruiné à son insu par des frais qu'il empêche-
rait peut-être si l'action lui était dénoncée ; par conséquent
si l'acheteur restait dans l'instance jusqu'à la fin du procès,
lui seul en supporterait les frais.

M. Bugnet, dans ses notes sur Pothier, n'admet qu'une
exception à la règle générale posée par l'article 1630, 3°. Il
reconnaît que l'acheteur qui a été de mauvaise foi en soutenant le procès en revendication en doit supporter les frais.
Hors de ce cas il applique la règle sans distinction, en faisant
observer que le Code, qui a en matière de garantie simple
(art. 2016 et 2028) reproduit le tempérament de Pothier, l'a
écarté en matière de garantie réelle, puisqu'il l'a passé sous
silence.

Selon M. Duvergier (1), « si la procédure qui précède la
mise en cause est utile au garant, d'après le système de
défense qu'il oppose au demandeur principal, s'il eût fallu
qu'il la fît lui-même dans le cas où elle n'eût pas été faite,
il n'y a plus de motif pour le dispenser d'en payer les frais ;
d'un autre côté, si, même depuis la mise en cause, l'acquéreur resté dans l'instance, avait, par des contestations mal
fondées ou par des procédures irrégulières, donné lieu à
des frais inutiles, il devrait seul les supporter. »

De l'aveu de tous les auteurs, l'acheteur seul doit supporter les frais et dépens, quand le vendeur, assigné par
lui, a déclaré qu'il n'y avait pas de moyens pour repousser
la demande en revendication. C'est sur lui que retombent
également les frais de l'appel, quand le vendeur, condamné
à son profit, s'est abstenu d'appeler du premier jugement.

IV. *Frais et loyaux coûts du contrat.* — Il s'agit de tous
les frais que l'acheteur a dû faire pour avoir la chose. Per-
dant la chose, il est juste qu'il en soit remboursé.

Ce sont les frais d'acte, de transcription, de purge, etc.

V. *Dommages-intérêts.* — Voilà le second chef de l'obliga-

(1) 364.

tion de garantie. Le vendeur n'est pas seulement tenu de restituer le prix qu'il détenait sans cause; il doit en outre indemniser complètement l'acheteur du dommage que cause à celui-ci l'éviction de la chose vendue.

Si l'indemnité est complète, quand l'acheteur a reçu le prix qu'il avait payé, les fruits qu'il s'est vu obligé de rendre au revendiquant, les frais judiciaires et ceux du contrat; il n'a droit à rien au-delà. Mais il est possible que ces diverses restitutions ne lui procurent point une satisfaction entière. Alors il réclame les dommages-intérêts dans le sens restreint que l'article 1630, 4°, donne à ce mot.

Ces dommages-intérêts comprennent : 1° les dépenses autres que celles qui sont une charge des fruits; 2° la différence entre le prix de vente et la valeur plus grande de la chose au moment de l'éviction.

Pour les dépenses, il faut distinguer si elles étaient nécessaires, utiles ou voluptuaires. Les premières sont dues, même quand il n'en serait résulté aucun accroissement de valeur. Le vendeur est également responsable des secondes. « Le vendeur, dit l'art. 1634, est tenu de rembourser ou de faire rembourser à l'acquéreur, par celui qui l'évince, toutes les réparations et améliorations utiles qu'il aura faites au fonds. » Les mots *faire rembourser* font allusion au droit qu'a le possesseur de bonne foi de demander au revendiquant le remboursement de ses impenses ou de la plus-value (art. 555). Le vendeur, prenant la place du possesseur dans le procès, doit exercer ce droit. Le revendiquant peut choisir entre les impenses et la plus-value : le vendeur n'a pas la même faculté. On décide, conformément à la doctrine de Pothier, que c'est de la plus-value qu'il est tenu, car c'est uniquement le résultat des impenses que l'éviction fait perdre à l'acquéreur. Si les impenses sont inférieures à la plus-value, et qu'elles aient été restituées à l'acquéreur par le revendiquant, le vendeur devra rembourser à son tour l'excédant de la plus-value sur ces impenses. Pour les dépenses voluptuaires, enfin, le vendeur de mauvaise foi en est seul tenu (art. 1635).

Nous avons dit que l'acquéreur ne pouvait réclamer les dépenses d'entretien, considérées comme une charge des fruits. Mais si les fruits ont été restitués au revendiquant , parce que l'acquéreur était devenu de mauvaise foi postérieurement à la vente, le vendeur devra les lui restituer, à titre de dommages-intérêts.

Le second chef des dommages-intérêts est la plus-value de la chose. « Si la chose vendue se trouve avoir augmenté de prix à l'époque de l'éviction, indépendamment même du fait de l'acquéreur, le vendeur est tenu de lui payer ce qu'elle vaut au-dessus du prix de la vente. » (Art. 1638.)

Il s'agit dans cet article de la plus-value réelle. L'acquéreur, évincé d'un immeuble vendu publiquement , a , nonobstant l'adjudication, le droit de réclamer une expertise, car « différentes circonstances peuvent influer sur le résultat d'une vente judiciaire et son caractère offre moins de sécurité sur la véritable valeur qu'une estimation à dire d'experts. » (Cour de Bourges , 5 avril 1821.)

La plus-value peut être immense : elle peut avoir dépassé toutes les prévisions des parties ou du moins l'attente du vendeur. Est-il juste qu'il la rembourse en entier? L'action *ex empto*, en règle générale, se bornait au double de la valeur de la chose. Le texte n'a pas reproduit de *maximum*; mais, dans l'article 1150, il décide que « le débiteur n'est tenu que des dommages-intérêts qui ont été prévus ou qu'on a pu prévoir lors du contrat, lorsque ce n'est point par son dol que l'obligation n'est point exécutée. » Cette règle générale doit-elle trouver dans notre matière une application de plus? Pothier, dans son traité même *du Contrat de vente*, n'astreint « le vendeur qu'à payer la somme la plus haute à laquelle les parties, lors du contrat, ont pu s'attendre que les dommages-intérêts pourraient monter, » (1) et il cite Dumoulin à l'appui de son opinion. Elle est encore soutenue par un certain nombre de jurisconsultes. Ils font valoir qu'elle est plus conforme à l'équité , que l'article 1639 renvoie aux principes généraux sur les obligations, et que l'article 1633, pouvant s'entendre *de eo quod plerumque fit*, ne contient pas d'exception à l'article 1150.

(1) 132.

Mais l'équité ne peut remplacer la loi écrite. Le Code a distingué, dans l'article 1635, entre le vendeur de mauvaise foi et celui de bonne foi. Donc, ceux qui ont rédigé les articles où est développé le principe des dommages-intérêts pensaient à la distinction que la doctrine veut introduire dans l'article 1633, et cependant ils se sont servis de termes généraux.

L'article 1639 ne renvoie au titre des *Contrats* que pour les autres questions auxquelles peuvent donner lieu les dommages et intérêts. Or l'étendue de l'obligation du vendeur étant déterminée par un article spécial au titre de *la vente*, on ne doit pas se référer aux principes généraux du titre des *contrats* pour déroger à cette disposition particulière.

— Il faut étendre le sens du mot *dommages-intérêts* et y comprendre non-seulement la restitution de certaines impenses, le remboursement de la plus-value acquise par la chose vendue, mais encore tout ce que l'éviction fait éprouver de dommage à l'acheteur. Par exemple il est, à tort ou à raison, malgré sa bonne foi, condamné à indemniser le propriétaire revendiquant de certaines dégradations. Il est forcé à certains frais pour déménager et se procurer un logement qui convienne à la profession qu'il exerce et en vue de laquelle il avait acheté la maison évincée : il répétera et les dégradations dans la première hypothèse, et les frais dans la seconde!

Si la chose vendue ne produisait point de fruits, il pourra réclamer les intérêts des sommes qu'il avait payées au vendeur, car cette jouissance est, comme dit M. Duranton (1), un profit que celui-ci a retiré, et une privation de gain pour l'acheteur. Le titre des *contrats* refuse, il est vrai, au créancier d'une somme d'argent tout intérêt jusqu'à la demande en justice. Mais « l'obligation du vendeur, dit le même auteur, n'était point une obligation de somme, c'était une obligation de faire jouir l'acheteur; la restitution était seulement la conséquence de l'inexécution de

_____

(1) 283.

cette obligation : l'article 1153 n'est donc pas celui qui régit la cause; c'est l'article 1149. qui la régit. Or, d'après cet article, les dommages-intérêts sont, en général, de la perte qu'a faite le créancier et du gain dont il a été privé, et à plus forte raison comprennent-ils les bénéfices que le débiteur n'a pu faire qu'avec l'argent du créancier comme dans l'espèce. »

Si la chose vendue produisait des fruits, et que l'acheteur n'ait pas été forcé de les rendre au propriétaire revendiquant, il ne pourra demander au vendeur de lui restituer les intérêts du prix. Les deux jouissances se compensent, alors même que la valeur des fruits et celle des intérêts ne seraient pas égales.

Nous savons ce que sont les dommages-intérêts : ils peuvent être dus *propter rem ipsam;* j'achète une auberge, l'éviction me fait souffrir dans mon commerce d'aubergiste; seront-ils dus également *extra rem*? J'achète une maison d'habitation, j'en fais une auberge; puis-je me faire indemniser du dommage qu'éprouve mon commerce? M. Troplong, suivant la doctrine de Pothier, déclare que le vendeur de bonne foi ne doit pas de dommages-intérêts pour le mécompte éprouvé *extrinsecus* par l'acheteur.

— Les différents chefs énumérés dans l'art. 1630 se réduisent à deux : 1 la restitution du prix ; 2 les dommages-intérêts, comprenant sans difficulté les frais judiciaires, frais et loyaux coûts du contrat. La plupart des auteurs y font rentrer également la restitution des fruits. — Ce système est combattu par de bons esprits. L'art. 1630 suppose, dit-on, que l'acheteur a payé le prix, puisqu'il oblige le vendeur à le lui restituer. Or, avec le prix le vendeur devrait rendre les intérêts. La loi lui permet de les garder, mais il faut qu'il rembourse les fruits à l'acheteur, si celui-ci a été forcé de les rendre au propriétaire. Ces fruits représentent les intérêts. Si le prix n'avait pas été payé, l'acheteur ne pourrait rien réclamer. Quand les intérêts sont supérieurs aux fruits, ce sont les intérêts qui lui devront être restitués, s'il l'exige. Ce système ingénieux nous paraît en contradiction avec l'article 1630, qui parle uniquement de la restitution des fruits. S'il l'avait considérée comme la restitution d'une partie du prix, s'il y avait vu une compensation des intérêts, il semble qu'il aurait dû limiter la prétention de l'acheteur au taux des intérêts eux-mêmes : l'article ne donne pas une alternative à l'acheteur, et, s'il la lui avait accordée, il lui aurait par là même reconnu le droit de demander plus qu'il n'avait payé. Les intérêts même ne font point partie du prix. Nous croyons que la restitution des fruits doit être comprise parmi les dommages-intérêts. L'importance de la question apparaîtra quand nous dirons que l'acheteur de mauvaise foi n'a droit qu'à la restitution du prix, non aux dommages-intérêts.

Restent deux chefs qu'il ne faut pas confondre. La cour de Colmar, dans un arrêt célèbre (7 avril 1821), a rangé la restitution du prix parmi les dommages-intérêts, et en y condamnant un vendeur a déclaré celui-ci contraignable par corps, en vertu de l'art. 126 C. Pr., qui décide que la contrainte par corps peut être prononcée par les juges « pour dommages et intérêts en matière civile, au-dessus de la somme de trois cents francs. » Ce que nous avons dit plus haut montre assez quelle était l'erreur de la cour de Colmar.

L'art. 885 établit pour la garantie en matière de partage une règle différente de celle que nous venons de voir posée par l'art. 1630 pour la garantie en cas de vente. « Chacun des cohéritiers est personnellement obligé, en proportion de sa part héréditaire, d'indemniser son cohéritier de la perte que lui a causée l'éviction. » Le cohéritier évincé n'a donc pas droit à la valeur pour laquelle a été estimé le bien pris dans son lot, et de plus, s'il y a lieu, à des dommages-intérêts, comme l'acheteur du Code Napoléon ; il a droit à des dommages-intérêts, comme l'acheteur, comme le co-partageant du droit Romain.

Selon l'opinion la plus autorisée, l'indemnité doit être calculée d'après la valeur qu'avait, non pas à l'époque du partage, mais à l'époque de l'éviction, la chose dont le co-héritier a été évincé.

Ce système est fondé sur ce que le législateur a considéré les chances d'augmentation et de diminution de valeur comme étant communes aux différents lots ; il a présumé

que si l'un avait acquis une plus-value considérable ou était
déprécié, les autres avaient eu le même sort, l'accroissement de valeur et la dépréciation résultant ordinairement
de causes générales qui exercent une égale influence sur
tous les biens partagés : dès lors, il lui a semblé que le
moyen le plus sûr pour maintenir l'égalité entre les copartageants, c'était de faire rembourser à celui d'entre eux qui
se voyait évincer la valeur actuelle du bien dont il a été dépouillé.

§. 2. Eviction partielle.

L'éviction partielle donne lieu à l'obligation de garantir.
Le vendeur doit défendre l'acheteur quand celui-ci est menacé de perdre une partie de la chose, comme dans l'hypothèse où la chose tout entière est réclamée par un tiers.
Sur ce premier chef de l'obligation de garantie, il n'y a rien
de spécial à l'éviction partielle.

Mais supposons le droit du tiers reconnu, l'éviction accomplie d'après les règles que nous avons posées plus haut.
En cas d'éviction totale, le vendeur doit 1° restituer le prix
à l'acheteur ; 2° s'il y a lieu, lui payer des dommages et
intérêts. En cas d'éviction partielle, il faut distinguer si la
partie, pour employer les termes du Code, est « de telle
conséquence, relativement au tout, que l'acheteur n'eût
point acheté sans la partie dont il a été évincé, » ou si au
contraire elle est assez peu importante pour que l'acheteur
n'en eût pas moins conclu le marché s'il avait su qu'elle
dût lui être enlevée. Dans le premier cas l'acheteur a une
alternative, il peut ou demander la résiliation [de la vente
ou se faire rembourser la valeur de la partie évincée suivant l'estimation à l'époque de l'éviction. Dans le second
cas il peut seulement se faire rembourser la valeur de la
partie qui lui est enlevée à l'époque de l'éviction.

Examinons d'abord le premier terme de l'alternative
laissée à l'acheteur dans la première hypothèse. L'article
1636 s'exprime ainsi : « Si l'acquéreur n'est évincé que d'une
partie de la chose, et qu'elle soit de telle conséquence, rela-

tivement au tout, que l'acheteur n'eût point acheté sans la partie dont il a été évincé, il peut faire résilier la vente. »

Cet article contient une application du principe général qui veut que « la condition résolutoire soit toujours sous-entendue dans les contrats synallagmatiques pour le cas où l'une des deux parties ne satisfera point à son engagement (1184). » Le vendeur avait promis de rendre l'acheteur propriétaire, il a manqué à son obligation, l'acheteur trompé fait résoudre le contrat.

La résolution, c'est l'article 1184 qui le dit, peut être demandée avec des dommages-intérêts. Mais, s'ils sont prononcés en vertu d'un article qui se trouve au titre des contrats, ne semble-t-il pas qu'ils doivent être régis par les principes contenus dans ce titre? et par conséquent ne faut-il pas dire que l'acheteur, même après avoir rendu au vendeur ce qui lui reste de la chose vendue, ne sera pas placé dans la position qu'il aurait s'il avait subi une éviction totale? Ainsi il paraît certain que l'article 1150 recevra ici son application et que le vendeur ne sera pas astreint à payer les dommages-intérêts, même au-(là des prévisions qu'il a pu former quand il s'est obligé par le contrat de vente.

Supposons que la vente ne soit point résiliée, le vendeur devra une indemnité suivant l'estimation à l'époque de l'é. viction et non proportionnellement au prix total de la vente, soit que la chose vendue ait augmenté ou diminué de valeur (art. 1637).

Pothier (1) distinguait si l'éviction était d'une partie indivise, par exemple, du quart, ou d'une partie divise, par exemple d'une pièce de terre. Dans le premier cas, l'acheteur devait recouvrer : 1° une partie du prix pareille à la part de la chose dont il souffrait éviction, par exemple le quart; 2° les dommages-intérêts, comme s'il avait été évincé de la chose tout entière. Dans le second cas il avait droit d'abord à une partie du prix, qu'on établissait par une ven-tilation « faite eu égard à l'état auquel se trouvaient tant

(1) 139 et 19.

la partie évincée que les autres parties de la métairie lors du contrat, » puis, s'il y avait lieu, à des dommages-intérêts.

Les rédacteurs ont, nous l'avons vu, reproduit la théorie de Pothier sur l'éviction totale; ils s'en sont écartés sur l'éviction partielle. Il ne s'agit plus ici d'un prix qui doit être restitué, parce qu'il a été payé sans cause, il n'est plus question d'une *condictio indebiti*, mais seulement d'une indemnité, de dommages-intérêts. Vous m'avez vendu vingt mille francs une terre qui appartenait à autrui : elle ne vaut plus que dix mille francs quand une personne en vient revendiquer et s'en fait attribuer la moitié. Je ne puis réclamer contre vous que cinq mille francs; par l'application du principe posé dans l'article 1630, j'aurais eu droit au moins à dix mille francs.

D'où vient cette différence? Il est plus facile de la constater que de l'expliquer. M. Troplong (1) déclare que c'est une injustice criante et ue plus une contradiction manifeste avec l'article 1631.

MM. Delvincourt et Duranton, pour justifier une telle contradiction, restreignent l'article 1637 au cas où l'éviction a enlevé une partie divise de la chose et appliquent l'article 1630 à l'éviction d'une partie indivise. Quand je réclame le quart de votre domaine, si ma prétention est reconnue fondée, je prends aussi bien ce qu'il y a de bon que ce qu'il y a de mauvais. Au contraire, je revendique un pré ou une vigne; le pré est peut-être la partie la moins fertile, la vigne la partie la plus productive de la propriété. Dans le premier cas, il n'est rien de plus aisé que de déterminer quelle sera la portion du prix à restituer, ce sera le quart; dans le second, il faudra établir ce que valaient au moment de la vente les différentes parties du domaine; une telle constatation sera difficile et arbitraire.

Ce système a d'abord un grave défaut; il n'a été imaginé que parce que l'on ne savait comment justifier une disposition de la loi. Il est de plus tout à fait contraire

(1) 517.

au texte de l'article 1637 qui ne distingue pas. L'ancien droit admettait dans les deux hypothèses et la restitution d'une partie du prix et les dommages-intérêts; elles ne se distinguaient l'une de l'autre que par la manière dont était calculée la partie du prix qu'il fallait restituer. Le Code les soumet également à la même règle. Enfin, d'après l'article 1601, quand une partie de la chose est périe, le Code permet à l'acheteur de faire une ventilation, plus difficile cependant en pareil cas que dans celui où la chose tout entière peut être examinée.

M. Duvergier rejette le système de MM. Duranton et Delvincourt et tâche de justifier autrement les rédacteurs du Code. Si le prix est restitué en cas d'éviction totale, c'est que le contrat est résolu; mais en cas d'éviction partielle, le contrat subsiste; il n'a, il est vrai, d'exécution que pour une chose moindre que celle que les deux parties avaient eue en vue. Un préjudice est causé à l'acheteur; il faut et il suffit qu'il soit réparé.

Il peut arriver qu'une partie du fonds soit périe avant l'éviction partielle. Soit un fonds de mille arpents; le fleuve en a enlevé deux cents; le quart du bien est attribué à un revendiquant. C'est l'espèce de la loi *Ex mille*, *de Evict.*, dont nous avons déjà parlé. En présence de l'art. 1637, elle ne fait plus aucune difficulté. Le quart du bien, qui était de deux cent cinquante arpents avant l'inondation, n'est plus que de deux cents arpents. C'est de la perte de deux cents arpents que l'acheteur devra être indemnisé.

Si, au contraire, le bien s'est accru de deux cents arpents, le propriétaire du quart en aura trois cents, et c'est une indemnité équivalente à ces trois cents arpents qui sera due à l'acquéreur.

Selon M. Duvergier, « outre ce remboursement, l'acheteur a droit à la restitution des fruits, s'il est obligé lui-même de les rendre au propriétaire, au paiement des frais et loyaux coûts de l'acte, du moins pour la partie qui est relative à la portion qu'il a perdue, des dépens entiers de l'instance principale et de l'instance en garantie, et enfin aux dommages-intérêts pour le préjudice qu'il éprouve. » Cette décision, combattue par M. Dalloz, en ce qui touche les frais de l'acte, est tout-à-fait conforme à l'esprit de l'article 1637 : l'acheteur doit être indemnisé ; il doit recouvrer tous les dommages-intérêts, parmi lesquels les frais de l'acte sont placés par l'art. 1630.

L'art. 1637 est fait pour les ventes forcées comme pour les ventes volontaires. Le saisi indemnisera l'acheteur de la perte partielle résultant de l'éviction. Les créanciers qui ont touché le prix sont tenus de la *condictio indebiti* pour une partie du prix correspondant à la partie du bien enlevée par l'éviction.

— L'éviction peut être partielle quand elle enlève une chose qui est entière, considérée en elle-même, mais qui a été achetée comme faisant partie d'un ensemble, par exemple un cheval acheté comme faisant partie d'un attelage.

— n'est pas toujours facile de distinguer si l'éviction est totale ou partielle et par conséquent en quoi consiste l'obligation de garantie. J'ai acheté une jument, elle périt après m'avoir donné un poulain, qui est revendiqué par un tiers ; selon Dumoulin, Pothier et la plupart des auteurs modernes, je souffre une éviction partielle et n'ai droit qu'à une certaine indemnité. De bons esprits pensent que l'éviction est totale, ayant lieu en vertu d'un droit qui s'étend sur la chose toute entière, c'est parce que cette chose n'appartenait pas à mon vendeur que j'en suis dépouillé ; il détient sans cause le prix et je pourrai le réclamer.

Il en est de même de l'éviction d'un droit temporaire, exercé pendant un certain temps. J'ai acheté un droit d'usufruit, je l'exerce pendant dix ans ; j'en suis évincé. Il n'y a, dit-on, qu'une éviction partielle : le prix payé représentait le total de la jouissance ; l'acheteur, privé d'une partie de la jouissance, redemandera au vendeur une partie du prix. On répond encore que si l'acquéreur a joui durant dix années, c'est parce que le vrai titulaire du droit n'a pas agi contre lui, non parce que le vendeur lui a transmis ce droit : donc, il doit pouvoir répéter la somme qu'il n'avait payée que pour acquérir ce qu'il n'a pas acquis. Il n'y aurait vraiment d'éviction partielle que dans le cas où leur personne ayant un usufruit de vingt ans le vend pour trente. L'acheteur évincé au bout de la vingtième année, demandera au vendeur un tiers du prix.

Dumoulin, prévoyant la vente de l'esclave d'autrui, et l'éviction qui en est la conséquence, décide que l'acheteur a droit à une indemnité *quæ temporis commensurationem et apprettationem recipit.* L'esclave est, il est vrai, un être indivisible, et, qu'il soit évincé à vingt ou à soixante ans, il n'en est pas moins évincé en entier. Mais on achète un esclave pour les services qu'il peut rendre pendant un certain nombre d'années ; c'est sur la durée présumée de sa vie que se règle le prix. C'est en effet une jouissance successive que l'acheteur a pensé acquérir.

La question peut se présenter aujourd'hui, en cas d'éviction d'un animal. L'ancienne opinion a encore de nombreux partisans ; mais on leur oppose l'article 1631, et l'on dit que la valeur de l'animal a beau être diminuée par le temps, ce n'en est pas moins le même animal qui a été vendu. On invoque surtout le principe même que les rédacteurs du Code ont posé pour obliger le vendeur à restituer le prix ; le détenant sans cause, puisqu'il n'a pas accompli son obligation, il ne doit pas le garder, quand la chose vendue est enlevée à l'acquéreur.

L'hypothèse de Pothier diffère de celle de Dumoulin : Pothier suppose qu'un homme a, par testament, légué à ses nègres la liberté, s'ils parvenaient à l'âge de soixante-dix ans. L'héritier vend l'un d'entre eux, âgé de quarante ans : celui-ci revendique sa liberté quand l'époque fixée est venue. Quel sera le droit de l'acheteur, d'après les principes du Code? Dans cette espèce, il est impossible de dire que le prix ait été payé sans cause. Mais, d'autre part, le vendeur n'a pas rempli son obligation ; il devra des dommages-intérêts.

Il en serait de même si l'on supposait, par exemple, que je vends un cheval qui, à partir d'une certaine époque, doit appartenir à un tiers.

2. 3. Eviction d'une charge.

1. *Servitude réelle passive.* — L'éviction d'une servitude

est une sorte d'éviction partielle. Il faut, suivant les règles que nous avons posées plus haut, distinguer si la servitude est « de telle importance qu'il y ait lieu de présumer que l'acquéreur n'aurait pas acheté s'il en avait été instruit » (article 1638), ou si au contraire il est à croire qu'il eût passé outre, même quand il en aurait eu connaissance.

Dans le premier cas, « il peut demander la résiliation du contrat, si mieux il n'aime se contenter d'une indemnité » (même article); dans le second, il ne peut demander qu'une indemnité.

Quand l'acheteur demande une indemnité, s'il prouve la réunion des conditions requises pour qu'il y ait lieu à garantie, son droit ne peut être contesté, et il n'importe pas de rechercher dans lequel des deux cas précédemment signalés il se trouve. La distinction ne devient intéressante que lorsqu'il veut faire prononcer la résiliation; elle est laissée alors à l'appréciation du juge. S'il pense qu'il y a lieu à résilier la vente, l'acheteur restitue la chose au vendeur, et celui-ci lui restitue le prix avec les dommages-intérêts qui lui sont dus.

Lorsqu'une indemnité est due, quelle en est la valeur? Selon M. Troplong, l'acheteur a une action *quanto minoris*, et se fait rendre une partie du prix qu'il a payé : le savant magistrat applique les règles romaines confirmées par notre ancienne jurisprudence. « La raison, dit-il, en est que l'erreur sur la qualité d'une chose pouvant se rencontrer par suite de causes très-plausibles chez le père de famille le plus attentif, il ne faut pas se montrer trop sévère afin de ne pas entraver, par des recours ruineux, le commerce des choses. D'ailleurs il n'en résulte pas, en général, pour l'acheteur un dommage tel qu'il puisse se plaindre, lorsque le prix a été proportionnellement diminué. » Le vendeur de mauvaise foi sera seul condamné à des dommages-intérêts. (Aug. de l'article 1646.)

M. Duvergier pense que l'acheteur a droit à une indemnité égale à la diminution de la valeur de la chose au moment de l'éviction, et non à la diminution que le prix eût subie si l'existence de la servitude avait été révélée au moment de la vente; il obtiendra en outre le remboursement des frais judiciaires, et, s'il y a lieu, des dommages-intérêts. L'auto-rité de l'ancien droit, en cette matière, doit être écartée, puisque les règles sur l'éviction partielle sont entièrement opposées à celles qu'il avait consacrées ; or, la place de l'ar-ticle 1688, dans un paragraphe intitulé : *De la garantie en cas d'éviction*, indique suffisamment que la réclamation d'une servitude a été considérée par le législateur comme une éviction, et une telle éviction ne saurait être que par-tielle. Dans l'ancien droit, l'action accordée à l'acheteur, dans notre hypothèse, n'était autre que l'action en garantie des vices rédhibitoires, Pothier lui-même le déclare for-mellement : aujourd'hui, sous l'empire du Code, les vices rédhibitoires et l'éviction d'une charge donnent lieu à deux actions distinctes pour lesquelles le législateur a fait deux paragraphes différents, et c'est abuser du souvenir d'une identité qui n'existe plus que d'aller chercher dans le para-graphe consacré à la première les règles qui doivent s'appli-quer à la seconde. Il y a entre les deux cas une différence essentielle : l'éviction d'une servitude m'enlève une partie de mon droit et montre que le vendeur a manqué à l'obli-gation par lui contractée de me transmettre le droit tout entier. Il devait connaître l'existence de la servitude, comme il devait savoir que la propriété est à un tiers, s'il vendait la chose d'autrui ; l'acquisition de la servitude de la propriété se fait et se prouve par les mêmes moyens. Les vices rédhi-bitoires ont pu lui être inconnus, l'existence n'en est pas toujours et immédiatement révélée par un signe extérieur ; la bonne foi est plus excusable dans le second cas que dans le premier ; le législateur a pu, sans se contredire, sou-mettre à l'obligation de payer des dommages-intérêts celui dont la faute lui paraissait plus grave, et en dis-penser celui qu'il trouvât, pour ainsi dire, à l'abri de tout reproche.

Les frais et loyaux coûts du contrat de vente seront resti-tués en entier si ce contrat est résilié ; ils pourront l'être en partie si l'acheteur ne réclame qu'une indemnité. Par exem-ple, la connaissance de la servitude eût fait subir au prix une diminution considérable ; dès lors les droits d'enre-gistrement eussent été moindres ; l'acheteur doit se faire

indemniser par le vendeur de la différence qui existe entre
ceux qu'il a payés et ceux qu'il aurait dû payer.

La question, si la garantie pour cause d'éviction d'une
servitude a lieu dans les ventes forcées, doit être tranchée
affirmativement par ceux qui distinguent entre cette éviction et les vices rédhibitoires. En effet, le seul motif de
l'exclure, c'est que l'art. 1649 dit que l'action résultant des
vices rédhibitoires n'a pas lieu dans les ventes faites par
autorité de justice. Mais cet article n'est pas pour être appli-
qué à une espèce pour laquelle il n'est pas fait. Vainement
oppose-t-on que c'est la justice qui vend, et qu'il ne saurait
y avoir recours contre elle; cet argument tendrait à supprimer toute garantie à la suite des ventes forcées. L'acheteur pourra recourir contre qui de droit en cas d'éviction
partielle comme en cas d'éviction totale.

II. *Éviction de toute charge autre qu'une servitude réelle
passive.* — L'acheteur se voit enlever une servitude réelle
active qu'il croyait être attachée au fonds; on vient réclamer contre lui un droit d'usage ou d'usufruit, etc. Dans
tous ces cas, il ne peut demander la résiliation en l'absence
d'un texte formel qui lui en donne le droit; mais le vendeur lui devra, en vertu de l'art. 1626, une indemnité
qui sera réglée d'après les principes que nous venons
d'étudier.

Article II.

De l'Exception de Garantie.

L'obligation de garantie donne naissance non-seulement
à une action, mais encore à une exception, conformément
à cette règle du droit Romain : « *Cui damus actiones, eidem
et exceptiones competere multo magis quis dixerit* (1). »

(1) L. 156, § de Reg. juris.

Si celui qui achète à une personne la chose d'un tiers peut se faire défendre ou se faire indemniser par son vendeur, quand ce tiers l'évince; il peut repousser le vendeur, quand, devenu propriétaire, celui-ci vient revendiquer contre lui la chose qu'il lui a vendue. Comment celui qui doit faire cesser le trouble serait-il admis à le causer? Comment permettrait-on à celui qui doit indemniser une personne, une fois l'éviction accomplie, d'accomplir cette éviction? *Quem de evictione tenet actio, eumdem agentem repellit exceptio.*

Tous ceux contre lesquels l'acheteur pourrait agir, s'il était évincé, sont repoussés par l'exception de garantie quand ils agissent eux-mêmes.

I. *Vendeur.* — Le vendeur devient propriétaire de la chose vendue, soit à titre onéreux, comme acheteur, échangiste, soit à titre gratuit, comme héritier, comme donataire. S'il intente une demande, il en sera infailliblement débouté.

II. *Héritier du vendeur.* — C'est le propriétaire de la chose vendue qui succède au vendeur. De son chef il a une action en revendication; mais il succède aux obligations de son auteur, et entre autres à l'obligation de garantie. Son action sera donc repoussée.

Le tuteur vend comme sien le bien du mineur. Il vient à mourir, laissant celui-ci pour héritier : le mineur sera écarté par l'application de la règle *quem de evictione,* etc. « Cette décision, dit Pothier, n'est point contraire à la loi qui défend l'aliénation des héritages des mineurs, car si le mineur ne peut revendiquer cet héritage, ce n'est pas que l'héritage ait été valablement aliéné, mais c'est que le mineur est devenu l'héritier de celui qui est vendu. »

En serait-il de même si le tuteur avait vendu le bien du mineur comme appartenant à celui-ci, mais sans observer les formalités prescrites par le Code? On enseigne généralement que l'exception de garantie n'est pas applicable à cette hypothèse où la garantie elle-même n'existe pas. La faute est commune au tuteur qui a vendu et à l'acheteur; le premier, loin d'être obligé à faire jouir le second, peut invoquer la nullité de l'acte irrégulier qu'il a passé avec lui. Comment ne reconnaîtrait-on pas le même droit au mineur devenu son héritier ? M. Marcadé s'appuie sur un arrêt de la chambre des Requêtes du 14 janvier 1840 pour soutenir l'opinion contraire. S'il y a une faute commune au vendeur et à l'acheteur, la seule conséquence qu'il en faille tirer, c'est que celui-ci ne pourra obtenir que la restitution du prix, et n'aura pas droit à des dommages-intérêts, étant de mauvaise foi. Mais il y aura toujours un des chefs de l'obligation de garantie qui sera dû par le vendeur, et cela suffit pour que l'exception soit opposable.

Cette question dépend, ce me semble, d'une autre question. Quel est l'effet de l'acte fait par le tuteur au nom du mineur en violation des formalités prescrites par le Code? Un immeuble, appartenant au mineur, est vendu; le tuteur n'a pas observé les règles contenues dans les articles 457 et suivants. Les uns considèrent la nullité comme absolue, la vente faite par le tuteur comme la vente de la chose d'autrui, et ils donnent au mineur le droit de revendiquer son bien. Si cette opinion est vraie, le tuteur est tenu de la garantie, et l'action du mineur aboutit à une éviction ; le second, héritant du premier, succède à son obligation et ne peut agir utilement pour évincer celui qu'il est tenu de couvrir de sa protection et d'indemniser.

Les autres pensent que la seule ressource du mineur est l'action en nullité. La vente est bien faite par lui, puisqu'elle est faite par son représentant, mais elle est faite irrégulièrement : il peut en faire prononcer la nullité. Dans ce système, l'action du mineur n'aboutit pas à une éviction dans le sens ordinaire de ce mot; elle n'entraîne pas la garantie. Le tuteur a le droit d'invoquer la nullité au nom de son pupille; celui-ci peut l'invoquer lorsqu'il est devenu majeur, même s'il est héritier du tuteur. En effet, il n'est pas tenu en cette qualité d'un événement qui n'est pas une éviction, c'est-à-dire la perte d'un droit, mais la constatation de l'inexistence d'un droit chez l'acheteur.

Dans cette espèce, le vendeur, nous l'avons dit, c'est le mineur. Supposons que ce soit lui qui laisse pour héritier son tuteur. Repousserons-nous celui-ci, quoiqu'il ne soit tenu d'aucune garantie personnelle « *quià*, dit Favre, *diffi- cilius est ut quid proprium, quam ut heres jam improbatum*

defuncti factum improbet? » Nous nous contredirions nous-
mêmes : si le tuteur n'est pas garant de l'éviction, l'exception de garantie, qui n'est jamais fondée que sur une obligation de garantie, ne lui est pas opposable (1).

L'ordonnance de 1747 avait dérogé, en faveur des substi-
tutions, à la règle qui défend à l'héritier de réclamer le bien
vendu par son auteur. L'appelé pouvait le revendiquer,
même quand il succédait au grevé, en remboursant le prix
de la vente. « En cela, dit Pothier, l'ordonnance ne fait
pas de tort à l'acheteur, parce que l'insinuation de la substitution la rendant publique, il a dû connaître que l'héritage était grevé de substitution, et il doit s'imputer de
l'avoir acheté. » La règle de l'ordonnance n'a point passé
dans notre droit, où l'on tient moins à la conservation des
biens en nature dans les familles.

L'exception de garantie n'est pas opposable à l'héritier
bénéficiaire. Il n'est pas tenu personnellement des biens
du défunt, il ne confond pas sa personne avec la personne
de son auteur, il peut agir tout comme si c'était un tiers
qui eut vendu son bien.

Dans l'ancien droit, les légataires et donataires universels ou à titre universel étaient repoussés par l'exception,
puisqu'ils étaient tenus personnellement des obligations du
défunt ; mais, comme ils n'en étaient tenus que parce qu'ils
détenaient ses biens, *propter bona*, ils pouvaient s'en affran-

(1) Le principe que le mineur est censé avoir contracté lui-
même par le ministère de son tuteur a reçu une application peut-
être intempestive dans l'espèce où le tuteur vend, comme appartenant en entier au mineur, un bien dont il n'avait qu'une
partie, et où le mineur, héritant de celui dont la part avait
été indûment vendue, vient la revendiquer. Il a été repoussé,
« attendu que le tuteur représente le mineur dans tous les
actes civils (Cour de Bordeaux, 3 déc. 1831). » N'est-ce pas
aller bien loin, et le tuteur représente-t-il le mineur, même dans
les actes qu'il fait relativement à des biens n'appartenant point
à celui-ci?

chir et par conséquent se soustraire à l'exception en abandonnant ces biens. L'héritier bénéficiaire n'était pas tenu
des dettes; les légataires et donataires universels ou à
titre universel avaient seulement la faculté de s'en dé-
charger.

Aujourd'hui, quelle est leur position? Les légataires universels ou à titre universel, personnellement tenus des
obligations de leur auteur, peuvent être repoussés par l'exception de garantie; mais, au moins, selon l'opinion
de ceux qui ne les considèrent que comme des successeurs aux biens, et non comme des continuateurs
de la personne, ils s'en font tenir quittes, comme dans
l'ancien droit, en abandonnant les biens qu'ils ont re-
cueillis.

En est-il de même des donataires universels et à titre universel? Cela dépend de la question s'ils sont tenus personnellement des obligations du donateur. Tous les auteurs
reconnaissent que la donation de biens présents et à venir
oblige personnellement le donataire à remplir les engagements de son auteur; seulement, comme d'après l'opinion
la plus généralement suivie, il est simple successeur aux
biens; il peut, en les abandonnant, se dégager de cette
responsabilité; dès lors, l'exception de garantie ne saurait
plus être admise contre lui. Mais on conteste vivement à la
donation de biens présents le caractère de donation universelle, et par conséquent on refuse de reconnaître qu'elle ait
pour effet de faire passer sur la tête du donataire les obligations contractées par le donateur. « Il est impossible, dit
M. Troplong, reproduisant une décision de Ricard, qu'il se
rencontre un titre universel dans la donation de biens présents, l'universalité comprenant le présent et l'avenir. »
Voilà le principe; il en tire aussitôt la conséquence : le
créancier du donateur n'a contre le donataire que l'action
paulienne de l'article 1167, action qu'il ne peut exercer
qu'après avoir discuté le donateur. Celui-ci pourrait, il est
vrai, déduire de ses biens présents ce qui lui serait nécessaire pour payer ses dettes; mais quand il a renoncé à user
de cette faculté, au moment de la donation, il n'est plus
recevable à l'invoquer postérieurement, et ses créanciers

n'ont pas plus que lui le droit de s'en prévaloir. Le donataire peut contracter l'obligation d'acquitter ce qu'il doit;
mais cette obligation doit être expressément établie, et ne
donne lieu qu'à l'action oblique de l'article 1166. C'est en
vain qu'on voudrait assimiler le donataire de biens présents,
comme donataire à titre universel ou légataire à titre universel. Il y a un article du Code qui oblige celui-ci à contri-
buer au paiement des dettes; où est le texte qui impose à
celui-là la même obligation? « La loi divise l'action du
créancier avec les héritiers qui représentent le défunt et les
légataires universels ou à titre universel. L'action du créancier demeure, au contraire, entière contre le donateur ou
ceux qui le représentent à cause de mort. » Enfin, comment
dire que la donation de biens présents « soit jamais à titre
universel, » quand il est évident « qu'elle n'embrasse qu'un
point de la vie du donateur; » qu'elle « n'agit que seule,
présente; » que « toutes les obligations qui seront contractées après elle, tous les profits qui seront faits plus tard, lui
resteront étrangers ? « M. Troplong fait ensuite l'application
de ces idées à notre hypothèse; l'exception de garantie
n'est pas apposable au donataire de biens présents; seulement il est forcé d'indemniser l'acquéreur qu'il évince
jusqu'à concurrence des biens qu'il a reçus, « par la raison
que c'est là une obligation de donner, qui est une charge
des biens à lui transmis. »

Cette dernière décision ne semble pas s'accorder avec les
arguments développés par le savant magistrat. Si le donataire avait reçu, au lieu de tous les biens présents, un bien
déterminé, il est indubitable qu'il ne serait même pas tenu
d'indemniser l'acheteur après l'avoir évincé. Cette obligation
ne peut peser sur lui que parce qu'il est donataire de tous
biens présents et parce qu'il est tenu à ce titre de toutes les
obligations présentes du donateur jusqu'à concurrence de
ces biens. En effet, peut-on nier que cette donation ne soit
universelle? N'est-ce pas altérer le sens des mots? N'em-
brasse-t-elle pas tout le patrimoine et n'en aura-t-elle pas
moins compris tout ce qui y était contenu au moment où
elle aura été faite, parce que le donateur gardera la faculté
d'acquérir pour soi dans l'avenir et de disposer librement

de ce qu'il aura ainsi acquis? Au lieu de considérer l'acte en lui-même pour en déterminer les caractères, d'examiner ce que comprend la donation pour savoir si elle est universelle ou particulière, faut-il chercher quelle est l'étendue des obligations auxquelles les biens donnés demeurent engagés? La donation de tous biens présents transmet un patrimoine d'une personne à une autre. Cette transmission ne se peut opérer que conformément aux principes généraux, *deducto ære alieno*, et, comme l'a dit le rapport au Tribunat, « le donataire de tous les biens est tenu de droit de toutes les dettes et charges qui existent à l'époque de la donation. » Ce sont ces principes qu'il faut appliquer ici.

III. *Caution.* — La personne qui a garanti, comme caution, l'exécution des engagements du vendeur, ne peut revendiquer la chose vendue, sans s'exposer à voir son action paralysée par l'exception de garantie. Despeisses voulait écarter cette exception dans le cas où la caution n'était devenue propriétaire de la chose qu'après la formation du contrat de cautionnement, parceque alors elle ne pouvait être supposée avoir renoncé au droit de revendiquer. Mais Pothier (1) rejetait cette distinction : « L'exception de garantie naît de l'obligation de garantie que la caution a contractée en accédant à celle du vendeur; » il implique contradiction qu'elle puisse être reçue à former de son chef une demande qu'elle est, en sa qualité de caution, obligée de faire cesser.

La caution ne pourra même pas opposer qu'elle ne saurait être mise en cause, qu'après la discussion du débiteur principal. Le bénéfice de discussion ne lui sert que lorsque le débiteur principal est capable d'acquitter l'obligation ; or il est obligé à défendre l'acheteur, à faire cesser les actions intentées contre lui; mais cette obligation ne peut être remplie que par la caution, propriétaire de la chose; donc il n'y a pas lieu à discussion. En vain dirait-on que le vendeur peut toujours payer les dommages-intérêts : « la réponse est que l'obligation primitive de la garantie ne

(1) 176.

doit être convertie en l'obligation secondaire des dommages-intérêts, que dans le cas auquel elle ne pourrait être
acquittée par tous ceux qui en sont tenus : que cette obligation primitive dont la caution est tenue, pouvant être acquittée par la caution, en la faisant déclarer non recevable
dans la demande qu'elle a formée de son chef, on doit l'y
déclarer non recevable plutôt que de convertir l'obligation
primitive de la garantie en l'obligation secondaire des dommages et intérêts (1).

L'exception est-elle également opposable aux héritiers de
la caution? Il semble qu'elle doive l'être, puisqu'elle a pour
cause une obligation qui passe à ces héritiers. La loi 31, au
Code *de Evict.*, semble contenir une décision contraire :
« *Heredem fidejussori rerum, pro quibus defunctus apud
emptorem intercesserat pro venditore, factum ejus cui successit
ex sua persona dominium vindicare non impedit, scilicet
evictionis causa durante actione.* » Cujas et Pothier supposent
que cette loi se rapporte au cas où l'acheteur s'est laissé
condamner sans opposer l'exception de garantie. Nous n'a-
vons pas besoin de recourir à cette explication, maintenant
que les textes romains n'ont plus d'autorité législative, et
qu'il n'est pas nécessaire de concilier à tout prix des textes
inconciliables, comme semblent l'être les lois 11 et 31, au
Code *de Evict.* Le Code Napoléon ne faisant aucune exception en faveur de l'héritier de la caution, il faut le sou-
mettre à la règle générale. Les raisons qu'on présente pour
faire adopter le système de la loi 31 sont des plus faibles :
on dit que la dette de l'héritier de la caution se réduit en
définitive à une dette de dommages-intérêts, et qu'en offrant
de les payer, il doit recouvrer sa propriété. Mais il n'est pas
de garant qui ne puisse invoquer le même argument; s'il
était exact, l'exception de garantie n'aurait plus d'application. On objecte en vain que l'héritier de la caution ne peut
être privé de sa chose sans son fait; l'héritier du vendeur
aurait le droit d'élever la même prétention; mais l'un et
l'autre se sont obligés par leur fait, en acceptant l'hérédité·

(1) Pothier, 177.

IV. La femme commune en biens, qui accepte la communauté, est tenue pour moitié des obligations contractées par son mari comme chef. Le mari a vendu un bien propre à sa femme. Celle-ci le revendique à la dissolution de la communauté. L'exception de garantie lui sera opposée, car elle est tenue pour moitié de l'obligation de garantie que son mari a contractée en rendant le bien dont elle était propriétaire. Quel sera l'effet de cette exception? Cette question dépend d'une autre question que nous allons examiner, si l'obligation de garantie est divisible ou indivisible.

Article III.

De la nature de l'obligation de garantie.

L'obligation de garantie est-elle divisible ou indivisible, qu'elle donne naissance à une action, ou que celui qui l'invoque ait recours à une exception? Peu de questions ont été plus longtemps et plus vivement controversées.

L'intérêt de la question s'aperçoit sans peine : supposons d'abord que la créance de l'acquéreur s'exerce sous la forme d'une action. Si elle est indivisible, cet acquéreur peut assigner chacun de ses débiteurs pour le tout, soit pour exiger qu'il fasse cesser le trouble, soit pour en être indemnisé. Cet intérêt, qui semble grave au premier abord, est, il faut le dire, presque nul dans la pratique, l'art. 1225 du Code Napoléon donnant à l'un des débiteurs d'une obligation indivisible, assigné seul pour le tout, le droit de demander un délai pour mettre en cause ses codébiteurs, et le créancier se trouvant ainsi intéressé à les assigner lui-même, afin de perdre moins de temps. D'autres applications de principe peuvent se présenter. Le vendeur laisse deux héritiers; l'un d'eux peut maintenir l'acquéreur en possession de la moitié indivise : cela suffira-t-il pour le libérer? Deux personnes me vendent un fonds de terre; évincé de la partie indivise qui m'a été vendue par l'une d'elles, puis-je agir contre l'autre?

C'est quand une personne vient réclamer en son nom propre l'objet dont elle garantit la possession, comme héritière pour partie d'une autre, et que l'acheteur lui oppose l'exception de garantie, qu'il devient très-important pour l'un et pour l'autre de déterminer si elle est tenue pour le tout ou pour partie de l'obligation qui est invoquée contre elle. Est-elle tenue pour le tout? Son action est paralysée, elle perd non-seulement une part de l'objet proportionnelle à la partie pour laquelle elle représente le défunt, mais l'objet tout entier. Paul a vendu un bien qui m'appartient, je suis son héritier pour un quart; je revendique mon bien contre Pierre qui l'avait acheté; je suis débouté de ma demande pour le tout. Si au contraire chacun des héritiers du vendeur n'est tenu de l'obligation de garantie, comme de toutes les obligations divisibles du défunt, que pour la part qu'il prend lui-même dans la succession, il sera forcé de laisser une part à l'acheteur, un quart, dans l'espèce que j'ai posée plus haut, mais les trois autres quarts lui seront attribués.

Selon Dumoulin (1), le premier chef de l'action de garantie est indivisible, le second chef de cette action et l'exception de garantie sont divisibles.

Après avoir démontré l'indivisibilité du premier chef de l'action par des textes romains dont l'interprétation n'est pas sans difficulté, il réfute cet argument que l'obligation de défendre, qui fait l'objet de ce premier chef, aboutit à l'obligation de payer les dommages-intérêts, essentiellement divisible. L'action de garantie a deux chefs d'une nature différente, elle oblige d'abord à défendre, ensuite à payer les dommages-intérêts; le premier peut être indivisible, le second étant divisible; « nec primum transit in secundum, neo cum eo permiscetur, sed primo sufficiente, evanescit secundum : et primo deficiente, tunc succedit secundum. » La loi 139, ff. de verb. oblig. semble mettre l'obligation de garantie collectivement à la charge de tous les héritiers du vendeur : quand l'un manque, dit cette loi,

---

(1) *Explicatio labyrinthi.* — Pars II. — 155 et 199.

« *ceteris subsistere nihil prodest.* » Cela veut dire que si quelques héritiers ne veulent défendre que pour leur part, ils ne libèrent ni eux-mêmes ni leurs cohéritiers.

La dureté d'une règle qui soumet chaque héritier au paiement de l'obligation entière est tempérée par le triple droit accordé à celui qui est assigné pour le tout : 1° d'obtenir un délai afin de mettre en cause ses cohéritiers ; 2° d'en obtenir un pour exécuter, s'il a un juste motif de le demander ; 3° d'exécuter l'obligation de la manière qui lui est la plus avantageuse.

On a même voulu mettre à la charge de l'acheteur l'obligation d'appeler en cause tous les cohéritiers, ce qui ne peut se soutenir ; car une obligation indivisible lie pour le tout quiconque en est tenu, et l'appel des cohéritiers, ne servant qu'à celui qui est poursuivi pour le tout, doit être fait par lui-même et à ses frais.

Primus, l'un des quatre héritiers du vendeur, est assigné par l'acheteur. Il ne met pas ses cohéritiers en cause. S'il triomphe, sa victoire profite à lui-même, à l'acheteur qu'il a défendu, à ses cohéritiers tenus de l'obligation qu'il a ainsi acquittée. S'il est vaincu, sa défaite ne peut nuire à ses cohéritiers. S'il s'est fait passer pour l'unique héritier du vendeur, il est tenu pour le tout des dommages-intérêts ; « *Quamvis entre ab initio non teneretur ad hoc secundum caput, nisi pro parte sua, tamen facto suo sese in totum obligavit.* » S'il a défendu pour le tout, parce qu'il y était tenu par son obligation indivisible, mais à titre d'héritier pour partie, en prévenant l'acheteur qu'il n'était pas le seul qui eût succédé au vendeur, il ne doit plus payer que sa part dans les dommages-intérêts.

L'une et l'autre partie sont également intéressées à mettre en cause tous les codébiteurs, l'acheteur pour n'avoir pas besoin de recommencer un procès contre chacun d'eux quand il voudra se faire payer les dommages-intérêts, l'héritier pour partie assigné seul, pour les associer à la défense, s'il ne peut la soutenir avec ses seuls moyens, et du moins pour faire répartir la condamnation.

Que si l'héritier Primus refuse obstinément d'appeler ses cohéritiers, le juge, prononçant *ex bono et æquo*, pourra

en charger l'acheteur, dans le cas où ils seront tous domi-
ciliés dans la province et *commodæ conventionis*. Cette dernière condition ne serait pas remplie, si l'un d'eux avait un
tuteur, un curateur. La mise en cause devra aussi être faite
par l'acheteur, même si un des cohéritiers est domicilié
hors de la province, quand c'est celui-ci qui détient les
titres nécessaires à la défense.

Telle est la règle de l'indivisibilité de l'action en garantie,
avec les tempéraments qu'y apporte Dumoulin. Nous avons
dit qu'il considérait au contraire l'exception de garantie
comme divisible.

Un père vend un fonds de terre qui avait appartenu à sa
femme décédée, son fils lui succède et revendique ce fonds.
L'acheteur oppose qu'il doit être garanti de l'éviction par
l'héritier du vendeur; le fils réplique qu'il n'est héritier que
pour moitié et qu'il ne réclame que la moitié de son bien;
l'acheteur répond : « Vous êtes tenu pour le tout de satisfaire à
ma dénonciation, de me défendre, et par conséquent de
vous abstenir de revendiquer. » Au premier abord l'acheteur semble avoir raison, l'obligation de défendre étant indivisible et précise chez celui qui la peut remplir.

Mais il a contre lui la loi 14 au Code *de Rei vindicatione*,
désignée ordinairement par les mots qui la commencent,
cum à matre. Cette loi a singulièrement embarrassé les
interprètes qui ont cherché à la concilier avec le principe
de l'indivisibilité de l'obligation de garantie. Alciat suppose
qu'elle est faite pour l'hypothèse où l'acheteur a sciemment
acquis la chose d'autrui, mais cet acheteur n'en a pas moins
droit à la garantie. Socin le jeune, supprime le principe
de l'indivisibilité, pour faire cesser l'antinomie, et conclut
de la loi *cum à matre* que l'obligation de garantie est toujours divisible. Barthélemi Socin a d'abord enseigné que
cette obligation était divisible, quand elle avait pour cause
la nature du contrat, indivisible, quand elle naissait d'une
convention expresse; puis, la considérant comme accessoire
au contrat, il a pensé qu'elle était toujours et naturellement divisible, le fils pouvant refuser de défendre pour la
part pour laquelle il n'était pas héritier, comme il peut aller
pour cette part contre le fait de son auteur.

L'obligation de défendre est principale et précise, du moins « *si venditor... habet et quatenus habet facultatem defendendi.* » Ce qui s'entend d'une défense loyale et sérieuse.

Mais 1° cette obligation *in solidum* ne passe aux héritiers que « *sub expressa contemplatione partium.* » On est tenu de défendre pour le tout, mais en qualité d'héritier pour partie, et finalement le procès doit aboutir à une condamnation divisée. Il y a trois choses dans la vente : 1° La tradition; 2° la défense; 3° la restitution du prix et le paiement des dommages-intérêts. La seconde obligation est de sa nature indivisible, mais, placée entre deux obligations divisibles, l'équité peut la faire diviser.

2° Le créancier serait trop dur, si, après une obligation accomplie, il exigeait plus de son débiteur qu'il n'eût fait avant l'accomplissement. Si le vendeur n'avait pas livré la chose d'autrui vendue par lui, le propriétaire de cette chose, lui succédant pour moitié, n'aurait été tenu que d'en délivrer la moitié. La délivrance a eu lieu intégralement; le propriétaire, héritier pour partie du vendeur, doit être replacé dans la position où il se serait trouvé si l'acheteur n'avait pas encore reçu la chose.

3. Les héritiers du vendeur ne sont pas tenus de défendre l'acheteur, dans un procès injuste, contre le vrai propriétaire; pourquoi obliger celui d'entre eux qui est propriétaire de soutenir contre soi-même une prétention mal fondée?

4. Il faut qu'il y ait une différence entre un héritier unique et un héritier pour partie.

5. L'indivisibilité de l'obligation de défendre n'est qu'une *subtilité*, introduite par le droit, pour l'expédition plus commode de l'affaire; c'est pour ainsi dire une fiction attachée à la qualité d'héritier, et qui doit disparaître dès que les successeurs du vendeur agissent à un autre titre.

Le revendiquant peut donner à l'acheteur le choix entre ces deux partis : demeurer co-propriétaire avec lui ou restituer le bien tout entier, en se faisant restituer à son tour le prix et payer les dommages-intérêts.

On oppose à ce système que le propriétaire, ne fût-il héritier que pour partie, est forcé de défendre pour le tout contre un tiers et doit y être tenu envers soi-même. Mais ou l'acheteur offre de rendre le tout, et, le contrat étant résolu, l'obligation de défendre disparaît en même temps, ou il accepte la copropriété, et par là divise son action *ex empto* comme tout ce qui en dépend.

Il est vrai, tant que le droit du demandeur est en litige, l'acheteur n'est pas forcé d'opter; il peut protester qu'il ne veut pas d'une partie du fonds, qu'il préfère la résolution du contrat, mais qu'il n'a pas besoin de se prononcer, le demandeur étant tenu de le défendre pour le tout. Dumoulin répond : « *Inesse tacitam cavillationem.* » C'est comme si l'acheteur disait à l'héritier : « Je veux garder le fonds tout entier, s'il a appartenu au défunt; je vous le restituerai en totalité, s'il est à vous; mais je m'oppose à ce que vous fassiez la preuve de votre propriété. » En refusant au revendiquant la faculté d'exercer son droit pour partie, l'acheteur lui a nécessairement reconnu celle de l'exercer pour le tout.

L'autorité de Dumoulin fit prévaloir cette doctrine dans l'ancien droit, malgré une vive opposition. Pothier, démontrant l'indivisibilité de l'action (1), la divisibilité de l'exception (2), résume les arguments que nous venons de reproduire. Pour l'action, il distingue entre l'obligation de défendre et l'obligation de payer des dommages-intérêts. Pour l'exception, il invoque trois raisons : 1° l'obligation de livrer est divisible; si le vendeur fût mort sans la remplir, chacun de ses héritiers n'en eût été tenu que pour sa part, celui à qui appartient la chose vendue comme les autres : l'accomplissement de l'obligation ne doit pas rendre pire la condition des héritiers; 2° l'héritier pour partie du vendeur n'est obligé qu'à faire jouir pour partie; 3° chaque héritier, assigné en garantie, satisfait à son obligation en offrant les dommages-intérêts pour sa part.

Ce système compte encore un certain nombre de parti-

(1) 101 — 106.
(2) 173.

sans. M. Troplong le soutient avec chaleur (1); ses raisonnements sont les mêmes que ceux de Dumoulin. Il cherche seulement à mieux justifier la contradiction qui semble exister entre les deux parties de son opinion, et voici comment il explique la divisibilité de l'exception, après avoir posé en principe l'indivisibilité de l'action : « Il n'y a rien de réel dans l'obligation de garantir; cette obligation n'affecte pas la chose; elle est toute personnelle; elle est une branche de l'action *ex empto*, qui, en cette partie, a un caractère de personnalité pure.... Les principes que nous avons posés sur l'indivisibilité de défendre doivent être entendus en ce sens que chaque héritier doit défendre le procès pour le tout, c'est-à-v. + en présenter tous les moyens, mais non que l'un des héritiers actionnés ne soit pas quitte en procurant à l'acheteur la jouissance paisible de sa part. Dans le premier cas, l'héritier n'a pas encore payé les dommages-intérêts, l'acheteur n'a pas encore reçu de lui une part incontestée. Dans notre espèce, il laisse l'acquéreur tranquille pour sa part. »

Ce système a rencontré, sous le Code comme sous l'ancien droit, de nombreux adversaires. On reconnaît en général que l'action de garantie est indivisible, mais on prétend que l'exception doit l'être également. La seule différence qu'il y ait entre l'une et l'autre, c'est que l'exécution rend l'action divisible, et que les effets de l'exception sont conformes au principe et indivisibles comme l'obligation de laquelle ils prennent naissance.

Le principe de l'indivisibilité de l'action s'établit par l'indivisibilité de l'obligation essentielle et principale de défendre. Mais, quand on en vient à l'application, on reconnaît que l'acheteur a plus à perdre qu'à gagner en agissant contre un seul des héritiers; celui-ci, en effet, a le droit de demander un délai pour mettre en cause ses cohéritiers; l'acheteur n'obtient donc pas une expédition plus rapide de l'affaire que s'il se chargeait lui-même de la mise en cause. En outre, il ne peut opposer la chose jugée aux

(1) 431 — 441 pour l'action, 457 pour l'exception.

codébiteurs qui n'ont pas été parties au procès. Aussi est-il permis de dire que l'action de garantie, divisible en principe, est toujours divisée en fait.

Nous avons vu quelles raisons invoquaient les partisans du premier système pour faire accepter la divisibilité de l'exception de garantie ; il est facile de les réfuter : 1° l'obligation de livrer est parfaitement distincte de l'obligation de garantir. La tradition accomplie change et les droits et les obligations des deux parties. — 2° Il est faux que l'héritier puisse à son gré remplir son obligation de défendre ou s'en faire tenir quitte en payant pour sa part les dommages et intérêts. En fait il arrive souvent qu'il ait le choix ; il est assigné ; s'il ne veut pas défendre, il ne sera plus obligé que de payer les dommages-intérêts, car on ne peut le forcer d'exécuter son obligation principale ; mais, quand il agit contre l'acheteur, quand il revendique le bien qui lui appartenait et qui a été indûment vendu par son auteur, il peut être contraint à exécuter directement, en laissant l'acheteur maître de ce bien. A quoi bon recourir à une exécution indirecte ? Si l'héritier pour partie avait le droit de choisir entre la défense et les dommages-intérêts, ce droit appartiendrait également à l'héritier unique, au vendeur lui-même ; et s'il fallait en conclure que le premier pût reprendre son bien, comment refuserait-on à l'héritier unique le même avantage ? — 3° Enfin, *défendre* et *faire jouir* sont deux expressions qui désignent une seule et même obligation : « Cela étant, la question de savoir s'il suffit à l'héritier de me faire jouir pour partie est encore la même que celle de savoir s'il suffit à l'héritier de protéger et défendre ma possession pour partie, et ce troisième argument n'ajoute dès-lors rien au débat (1). »

Il importe peu, au reste, que l'on considère l'obligation de ne pas troubler l'acheteur, sur laquelle repose l'exception de garantie, comme indivisible *obligatione* ou *solutione*. Selon la plupart des auteurs, le fait dont l'héritier doit s'abstenir n'étant point susceptible de division, elle rentre

_____

(1) Marcadé, sur l'art. 1629, viii.

dans la classe des obligations de ne pas faire indivisibles *obligatione :* « Or, si le juge est, aux termes de l'art. 1143, autorisé à ordonner la destruction de ce qui a été fait en contravention à une obligation de ne pas faire, à plus forte raison peut-il, afin de faire respecter l'obligation de ne pas troubler, imposée à l'héritier du vendeur, le déclarer non recevable dans sa demande. » Si l'obligation est indivisible *solutione tantum*, l'héritier revendiquant est seul en position de l'accomplir, puisque seul il a un droit réel sur la chose vendue, et, par conséquent, il en est tenu pour le tout, d'après l'art. 1221, 5°. (1).

La jurisprudence a presque unanimement adopté ce deuxième système; récemment encore, en 1856, la Cour de cassation belge (5 juin) et la Cour de Bordeaux (24 juin), ont expressément reconnu l'indivisibilité de l'obligation de garantie.

Un troisième système a été proposé, il y a quelques années, et déjà il rallie un grand nombre de bons esprits. Il consiste à nier le prétendu principe de l'indivisibilité de la garantie, admis et non démontré jusqu'à ce jour par la doctrine comme par la jurisprudence, et à soutenir que l'action et l'exception sont également divisibles, l'obligation dont elles sont les formes étant divisible elle-même. — Cette opinion a été exposée d'une manière très-complète dans le tome XI de la Revue critique, année 1857, par M. Eyssautier (2).

En droit Romain, si l'acquéreur laisse plusieurs héritiers, chacun d'eux ne peut agir que pour sa part. S'il y a plusieurs vendeurs, ou la vente est faite avec indication de parts (l. 39, §. 2, *de Evict.*), et l'acheteur évincé de l'une des parts n'a de recours que contre celui qui la lui a vendue; ou elle est faite sans indication de parts, mais toute obligation se divise naturellement par tête entre les divers débiteurs. Les deux vendeurs peuvent avoir des droits d'origine différente.

(1) Zach., édit. Aubry et Rau., t. III, p. 260. — Notes 6 et 9.
(2) Deux articles, l'un à la page 319, l'autre à la page 498.

Si le vendeur laisse plusieurs héritiers, les lois 85, §. 5, et 139, *de verb. obl.*, disent l'une et l'autre qu'ils doivent être poursuivis *omnes* et *in solidum*; l'argument qu'on tire des mots *in solidum* tombe devant le mot *omnes*; si chacun des héritiers est tenu pour le tout, il devient inutile de les assigner tous. La loi 139 ajoute : « *quolibet defugiente, ceteris subsistere nihil prodest... uno defugiente, omnes defugisse videantur.* » Dumoulin pense que ce texte ordonne de considérer comme absents tous ceux qui défendent pour leurs parts. Mais l'acheteur était intéressé à les réputer présents, puisqu'il était obligé de défendre en leur absence et ne pouvait recourir utilement contre eux, que s'il n'avait pas été négligent. On peut du reste considérer la poursuite *in solidum* comme une conséquence de la *stipulatio duplæ*; cette stipulation était une espèce de clause pénale ; or, primitivement la clause pénale rendait toute obligation indivisible; l'inexécution partielle faisait encourir la peine à chacun des codébiteurs; et par conséquent chacun d'eux était forcé d'exécuter pour le tout. Ce droit s'adoucit, il en resta la nécessité de défendre *in solidum*, qui servait à rendre la chose jugée opposable à tous les codébiteurs.

La loi *cum a matre*, nous l'avons vu, proclame l'indivisibilité de l'exception de garantie.

En droit français, il faut reconnaître que l'obligation de garantie ne saurait être indivisible *obligatione*, car la créance à laquelle elle donne naissance est toujours divisible, et si le créancier ou les créanciers y consentent, le débiteur ou les débiteurs peuvent exécuter partiellement. La cour de cassation belge et la cour de Bordeaux ont déclaré l'obligation indivisible, parce que c'était une obligation de faire. Mais les art. 1217 et 1218 disent positivement que les obligations sont divisibles quand elles ont pour objet un fait susceptible de division, c'est-à-dire quand le débiteur peut procurer au créancier une partie des avantages qu'il lui procurerait en exécutant son obligation pour la totalité.

Il ne s'agit donc que de savoir si la dette est indivisible *solutione*.

Si le principe de l'indivisibilité de l'action était vrai, il en faudrait tirer cette conséquence que l'exception est indivisible, la mesure de l'une étant nécessairement celle de l'autre et la demande de l'héritier devant être repoussée pour la part qu'il doit garantir. Mais c'est le principe même qui est faux.

En effet, l'obligation de garantie consiste à faire jouir. Quand l'objet vendu est indivisible, comme il est impossible d'en procurer une jouissance partielle, cette obligation ne peut être exécutée partiellement; par exemple, c'est une servitude de passage qui a été achetée. Quand les parties se trouvent dans les cas prévus par l'art. 1221, l'obligation est indivisible *soluttone*. Mais, hors de ces deux hypothèses, elle est nécessairement divisible.

L'exécution partielle, une fois que la chose vendue est divisible de sa nature, devient possible. Ainsi je puis maintenir l'acheteur en possession de la moitié d'un fonds de terre, comme je pourrais lui délivrer seulement cette moitié. Le fait de la possession n'est pas plus susceptible de division que celui de la délivrance. Mais la possession et la délivrance peuvent avoir pour objet soit la totalité, soit une partie plus ou moins considérable de l'objet vendu.

Mais, dit-on, l'obligation de faire jouir devient indivisible, quand elle se présente sous la forme de l'obligation de défendre. D'abord, le garant n'est pas obligé de défendre en justice, il en a seulement la faculté; il peut maintenir l'acheteur en possession par un autre moyen, par exemple en transigeant avec le revendiquant. Or, la transaction pourrait avoir lieu pour partie.

Allons plus loin, supposons que l'acheteur soit défendu contre la revendication par l'un de ses garants; il est faux que la défense ne puisse être partielle. Si le vendeur a laissé plusieurs héritiers, ils ont tous, il est vrai, les mêmes moyens à faire valoir; mais chacun d'eux les invoquera pour sa part. Si la chose a été vendue par plusieurs personnes, chacune d'elles ne pourra plaider que pour sa part et qu'en ayant recours à ses propres titres, à ses moyens particuliers : il leur serait impossible de se défendre les unes les autres. L'exactitude de ces remarques devient évidente, quand l'éviction ne menace qu'une des parts indivises qui ont été vendues, quand le tiers revendiquant son bien commence par exclure de sa réclamation la part pour laquelle l'un des covendeurs ou l'un des héritiers du vendeur unique est garant.

Dans l'hypothèse même où les garants, étant les ayant-cause du même vendeur, ont les mêmes moyens à présenter, il faut se garder de confondre l'objet de l'obligation avec la manière de l'exécuter. L'objet de l'obligation, c'est de défendre pour partie; en l'exécutant, le débiteur fait valoir, il est vrai, des moyens qui pourraient servir à l'exécuter pour le tout, s'il en était tenu pour le tout, mais qui, présentés dans l'espèce où nous nous plaçons, n'ont d'effet que pour la part dont il est tenu.

L'acquéreur, dit-on, a voulu avoir la chose tout entière; elle ne doit pas être morcelée. Cependant, quand l'acquéreur est évincé d'une partie de la chose, s'il n'est pas probable qu'il eût refusé de conclure le marché sans cette partie, il ne peut faire résilier la vente. Il est évincé pour le tout; remis en possession d'une partie de la chose, pourquoi aurait-il contre son vendeur plus de droits que si, dès le principe, cette partie lui avait été laissée par le revendiquant?

M. Rodière, qui avait soutenu ce troisième système avant M. Eyssautier, accordait que si l'un des débiteurs était à même de défendre pour le tout, c'était à défendre pour le tout que la bonne foi l'obligeait. Mais, comme le remarque avec raison l'auteur des articles que nous analysons, comment la bonne foi peut-elle obliger quelqu'un à exécuter l'obligation d'autrui? Cette concession ruine tout le système : nul n'est plus à même de protéger l'acheteur pour le tout que le propriétaire de la chose vendue; par conséquent, s'il est héritier du vendeur, il sera repoussé pour le tout, et l'exception de garantie est indivisible.

Nous avons vu que Dumoulin admettait un autre tempérament au principe rigoureux de l'indivisibilité de l'action, qu'il donnait à l'acheteur la faculté de rendre l'objet tout entier, et de se faire payer ce qui lui aurait été dû dans l'hypothèse d'une éviction totale. Ce tempérament même n'est pas pour être reconnu. Il est contraire à l'art. 1636, qui accorde à l'acheteur, évincé partiellement, le droit de faire résilier la vente, mais dans une hypothèse déterminée. On invoque ce qui est admis pour l'obligation de livrer. Si tout le prix n'est payé, le vendeur peut refuser la délivrance de l'une des parties indivises à l'un des héritiers de l'acheteur, comme l'acheteur peut refuser le paiement d'une partie du prix à l'un des héritiers du vendeur, tant que l'objet ne lui est pas délivré en entier. Cette décision même est vivement controversée. Mais elle tiendrait à ce que le prix sert de gage à l'acheteur, la chose au vendeur; or l'idée de gage est tout-à-fait étrangère à notre espèce.

Dans le cas de vente à réméré, l'acquéreur, contre qui est exercé le réméré, peut exiger que tous les covendeurs ou cohéritiers soient mis en cause pour reprendre l'héritage tout entier. Mais dans cette hypothèse l'acquéreur est débiteur et non créancier, comme dans la nôtre, et la loi le traite avec indulgence.

Ce troisième système est celui qui paraît le plus conforme aux vrais principes du droit, et il faut croire qu'il sera consacré par la jurisprudence, comme il est adopté déjà par des hommes éminents dans la doctrine.

Chapitre III.

Dérogations aux dispositions des chapitres précédents.

Les dispositions contenues dans les deux premiers chapitres et qui forment le droit commun en matière de garantie ne reçoivent point une entière application 1° quand les parties ou l'une d'elles ont été de mauvaise foi au moment de la formation du contrat de vente, c'est-à-dire qu'elles ont connu l'existence de la cause qui devait amener l'éviction; 2° quand elles y ont dérogé par une convention expresse, par une clause du contrat de vente.

Article I.

Mauvaise foi des parties.

§. 1. Mauvaise foi de l'acheteur.

Supposons d'abord une éviction totale. La vente de la chose d'autrui ne donne lieu à des dommages-intérêts que lorsque l'acheteur a ignoré que la chose fût à autrui (art. 1599). Il a toujours droit à la restitution du prix, car sa mauvaise foi ne donne pas une cause à son obligation ni au paiement qui en manquaient.

Mais il ne peut se faire indemniser d'un dommage qu'il a dû prévoir et auquel il s'est volontairement exposé.

Un arrêt de la cour de Paris (31 mai 1816) refusait la restitution du prix à l'acheteur. « Considérant qu'en payant au général C... une portion du prix, malgré la crainte dont il était sciemment menacé, Bourdois doit être censé avoir suivi la foi de son vendeur; qu'il s'est volontairement placé dans le cas prévu par la loi romaine qui refuse toute action en répétition à celui qui, sachant qu'il ne pouvait pas devoir, n'en a pas moins payé. » L'article 1377 exige aussi que le paiement ait été fait par erreur, pour que le *solvens* ait la *condictio indebiti*. Mais ce principe ne s'applique pas en notre matière. L'article 1599 ne refuse à l'acheteur de mauvaise foi que les dommages-intérêts, et, d'après l'article 1629, pour qu'il n'ait pas droit à la restitution du prix, il faut 1° qu'il y ait une stipulation de non-garantie dans le contrat; 2° qu'il ait connu le vice de la propriété ou qu'il ait acheté à ses risques et périls.

Il ne suffit pas que l'acheteur ait pu connaître la cause d'éviction, il faut qu'il l'ait réellement connue.

Nous avons aussi une disposition en ce qui concerne l'éviction d'une charge. Elle n'ouvre à l'acquéreur le droit de demander la résiliation du contrat ou celui de se faire indemniser, que lorsqu'il n'a pas connu ou n'est pas présumé avoir connu l'existence de cette charge (art. 1638).

En cas d'éviction partielle, nous n'avons aucun texte.

Il semble cependant que la mauvaise foi doive faire perdre à l'acheteur les droits qui lui sont accordés par les articles 1636 et 1637, celui de demander la résiliation du contrat ou de réclamer une indemnité, quand la partie est si importante qu'il n'eût point acheté s'il avait su n'en pas devenir propriétaire, celui de réclamer une indemnité en tout cas, quelle que soit l'importance de l'éviction. D'abord, l'article 1599 décide que l'acheteur n'a droit aux dommages-intérêts que lorsqu'il a été de bonne foi ; or, l'indemnité dont parle les articles 1636 et 1637, nous l'avons dit plus haut, rentre dans les dommages-intérêts. En second lieu, l'art. 1638 exige la bonne foi en cas d'éviction d'une charge pour donner le même droit, la même alternative à l'acheteur qu'en cas d'éviction partielle. L'éviction d'une charge n'est elle-même qu'une éviction partielle ; le même droit doit être soumis à la même condition.

§. 2. Mauvaise foi du vendeur.

Elle rend plus étendue l'obligation aux dommages-intérêts : « Si le vendeur avait vendu, de mauvaise foi, le fonds d'autrui, il sera obligé de rembourser à l'acquéreur toutes les dépenses, même voluptuaires ou d'agrément, que celui-ci aura faites au fonds. » (article 1635.) Les mots importants de cet article sont les mots : *Toutes les dépenses.* Ce qui est mis à la charge du vendeur, ce ne sont pas seulement les dépenses voluptuaires, ce sont encore les dépenses utiles, même en tant qu'elles excèdent la plus-value. Le vendeur de bonne foi n'est tenu que de la plus-value, nous l'avons décidé plus haut, conformément à la doctrine de Pothier, car c'est le résultat des dépenses qui est seul enlevé à l'acquéreur. Le vendeur de mauvaise foi rembourse à l'acquéreur tout ce qu'il lui a fait dépenser.

Article II.

Des conventions des parties.

§. 1. Éviction totale.

L'article 1627 consacre le droit qu'ont les parties de faire

toute espèce de conventions : « Les parties peuvent par
des conventions particulières, ajouter à cette obligation de
droit (l'obligation de garantie), ou en diminuer l'effet. »

Ainsi elles peuvent convenir que, en cas d'éviction, le
vendeur restituera le prix et une somme déterminée en sus.
Elles fixent à forfait les dommages-intérêts, et la somme
ainsi promise doit être acquittée, qu'elle s'élève au-dessus
ou qu'elle descende au-dessous du préjudice réel causé à
l'acquéreur par l'éviction. Dans ce cas, on ne sait au moment où le contrat est formé, si la convention des parties
doit étendre ou restreindre l'obligation de droit.

I. Clauses qui étendent l'obligation de droit.

1. Le vendeur peut se charger de l'éviction dans des cas
où il n'en serait pas tenu par le droit commun; par exemple
dans l'hypothèse du fait du prince. Il faut que la stipulation soit expresse; on décide généralement qu'il ne suffirait pas d'une promesse de garantir l'acheteur *contre tous
troubles ou empêchements quelconques*. Mais on doit entendre
les mots employés par les parties dans le sens qu'elles y
ont attaché. Si la monarchie s'écroule, le fait du gouvernement républicain donnera lieu à la garantie comme le
fait du prince.

Comme tout dépend de l'intention des parties, s'il paraît
que le vendeur, promettant en garantie *de tous troubles
et empêchements quelconques*, ait eu en vue un cas d'éviction déterminé et que ce cas se réalise, l'acheteur aura
droit à la garantie.

C'est ce que le tribunal de cassation a décidé le 19 flo-
réal an XII, pour une éviction résultant des vices même
du contrat, des irrégularités commises dans les enchères et
portées, lors de la vente, à la connaissance de l'acheteur.

2. L'obligation elle-même peut être étendue par les
parties. Nous avons dit que l'acheteur de mauvaise foi avait
droit à la restitution du prix, mais non aux dommages-
intérêts. Il pourrait se faire indemniser, s'il avait eu le soin
d'insérer dans le contrat de vente une clause formelle de
garantie pour ce cas, ou même une clause générale; les
parties seraient supposées avoir prévu le cas d'éviction
connu par l'acheteur au moment du contrat. L'art. 1599,

11

qui refuse à celui-ci les dommages-intérêts, céderait devant
une convention expresse.

Dans le cas de stipulation expresse et générale de garantie, si l'acheteur, ayant eu connaissance de la cause d'éviction, l'a cachée au vendeur, selon Pothier (1), il n'a pas
droit aux dommages-intérêts, car « l'équité ne permet pas
que l'acheteur profite de cette surprise faite au vendeur. »
M. Duvergier (2) n'admet cette décision que si l'acheteur a
profité de l'ignorance du vendeur pour lui tendre un piège.

Le vendeur de bonne foi peut s'astreindre à rembourser
à l'acheteur évincé toutes les dépenses, même voluptuaires.

La cour de Metz a décidé (20 août 1818) que les clauses
expresses de garantie doivent s'interpréter contre le vendeur. Cette décision ne paraît pas conforme à l'art. 1162.
« Dans le doute, la convention s'interprète contre celui qui
a stipulé et en faveur de celui qui a contracté l'obligation.»

II. Clauses qui restreignent ou détruisent l'obligation de
garantie.

Les contractants ont la plus grande liberté; le vendeur
peut être affranchi, soit de toute l'obligation, soit du chef des
dommages-intérêts, pour le tout ou pour partie, soit qu'il
s'agisse d'un cas déterminé ou de toutes les causes d'éviction.

Ils peuvent convenir que le vendeur ne sera soumis à
aucune garantie (art. 1627, in fin.). Cette convention est
interprétée par le législateur comme n'affranchissant pas
complètement le vendeur de ses obligations. En premier
lieu, « quoiqu'il soit dit que le vendeur ne sera soumis à
aucune garantie, il demeure cependant tenu d'un fait qui
lui est personnel; toute convention contraire est nulle. »
(Art. 1628.) Par fait personnel il faut entendre le fait du
vendeur lui-même, et non celui de son auteur, dont il peut
toujours décliner la responsabilité, si l'acheteur y consent.

C'est l'intérêt de la bonne foi qui a fait écrire l'art. 1628;
il serait contraire à l'équité que le vendeur pût troubler

(1). 191.
(2) N. 324.

celui auquel il doit procurer une libre jouissance. Mais l'article doit-il s'entendre également des faits postérieurs et des faits antérieurs ? Sur les premiers il n'y a point de doute; on ne saurait se réserver le droit de manquer à la bonne foi. Ne faut-il pas distinguer pour les seconds? Je vous vends un fonds que je m'étais procuré par une vente rescindable pour lésion de plus des sept douzièmes; la vente est rescindée; vous êtes évincé; je suis tenu envers vous, nonobstant toute stipulation de non garantie. Il en serait de même si je vous avais vendu mon bien sans vous faire savoir que je l'avais hypothéqué.

La plupart des auteurs décident qu'il n'est même pas permis d'exclure positivement la garantie pour les faits personnels antérieurs à la vente en général. Il faudrait faire connaître à l'acheteur le fait personnel qui doit amener l'éviction pour cesser d'être responsable des conséquences qu'il peut avoir. Mais dans ce cas rien n'empêche le vendeur de dégager ainsi sa responsabilité.

Bien plus, M. Troplong pense que « la déclaration faite par le vendeur de la charge qu'il a établie équivalant implicitement à une clause de non-garantie, le vendeur serait, par la force des choses, déchargé de tout recours pour éviction si, sans insérer un pacte pour s'affranchir de la garantie, il avait déclaré son fait personnel (1). » Il suffira donc au vendeur de déclarer qu'il a constitué une hypothèque sur son fonds. M. Duranton oppose que l'acheteur a dû croire que le vendeur paierait les créanciers. Mais « en déclarant à l'acheteur les hypothèques, il lui a suffisamment fait entendre qu'il se reposait sur lui du soin de verser le prix entre les mains des créanciers et de purger. »

Souvent le vendeur déclare ne s'engager qu'à la garantie *de ses faits et promesses*. Alors il n'est responsable que des évictions provenant de ses faits personnels. Cette stipulation l'oblige à répondre même des faits antérieurs à la vente, quoiqu'il les ait déclarés.

Une seconde restriction est apportée à la clause de non-

(1) N. 477.

garantie par l'article 1620. « Dans le même cas de stipulation de non-garantie, le vendeur, en cas d'éviction, est tenu à la restitution du prix. » Cette décision est conforme aux principes consacrés par le législateur; il ne refuse la *condictio sine causa* à l'acquéreur que lorsqu'il est certain que celui-ci y a renoncé.

Pothier (1) rapporte qu'un certain nombre de docteurs avaient voulu faire une distinction dans cette clause, astreignant le vendeur à restituer le prix quand la stipulation embrassait généralement toutes les causes d'éviction, l'en dispensant quand elle avait été faite en vue d'un cas déterminé qui se réalisait; mais cette distinction avait été rejetée.

Enfin, le vendeur est affranchi même de l'obligation de restituer le prix, en cas de stipulation de non garantie, si l'acquéreur a connu, lors de la vente, le danger de l'éviction, ou bien s'il a acheté à ses risques et périls. (Art. 1629 *in fin.*)

Dans l'ancien droit, beaucoup d'auteurs s'opposaient à ce que le vendeur gardât le prix, quand l'acquéreur avait connu la cause d'éviction. L'école de Cujas pensait que le vendeur devait toujours restituer ce qu'il avait touché sans cause, que la garantie fût stipulée ou exclue, que le danger eût été ou non connu de l'acquéreur. Au contraire, Accurse et Bartole avaient enseigné que celui-ci n'avait plus droit à la restitution du prix dès qu'il avait su le vice de la propriété qu'il achetait. Une opinion intermédiaire, soutenue par Voet, permettait au vendeur de conserver le prix, mais seulement quand la non-garantie avait fait l'objet d'une stipulation expresse, et qu'en outre l'acheteur n'avait pas ignoré le péril.

C'est ce dernier système qui a été consacré par le Code dans l'article 1629. La connaissance du péril ôterait simplement à l'acheteur le droit de réclamer des dommages-intérêts; le pacte de non-garantie, pris isolément, n'aurait pas d'autre effet. Mais la réunion des deux circonstances fait supposer que l'acheteur n'a prétendu acquérir qu'une chance.

(1) N. 185.

On a soutenu que la déclaration faite par le vendeur de la cause d'éviction équivalait à une stipulation de non-garantie ; comme après cette déclaration l'acheteur ne pourrait alléguer qu'il a ignoré le danger, elle suffirait pour lui enlever le droit de réclamer le prix qu'il a payé. Ce système a été écarté par la cour de Paris (16 juillet 1832). L'article 1626 met bien sur la même ligne la clause de non-garantie et la déclaration du vendeur : mais il doit s'entendre de l'obligation de prendre fait et cause et de celle des dommages-intérêts, « parce qu'alors la raison, dit M. Troplong (1), ne permet pas de supposer que le vendeur a entendu garantir l'acheteur de troubles qu'il ne lui dénonce qu'afin de le mettre sur ses gardes. » Mais la dispense de la restitution du prix est trop grave, pour que le législateur n'exige pas qu'elle résulte clairement de la convention des parties.

Quand les parties sont convenues que le vendeur ne devrait pas la garantie, c'est à lui à prouver que l'acquéreur connaissait le danger de l'éviction au moment où s'est formé le contrat de vente.

L'article 1629 dit que le vendeur ne sera pas tenu de restituer le prix, en cas de stipulation de non-garantie, quand l'acheteur aura déclaré acheter à ses risques et périls. On reconnaît même généralement que cette seule déclaration suffirait pour libérer entièrement le vendeur.

Enfin les parties peuvent convenir expressément que le vendeur ne sera obligé à aucune garantie, pas même à la restitution au prix ; ainsi il peut être dit dans l'acte de vente que la chose est vendue *sans garantie ni restitution de deniers.*

En matière de partage, une clause générale de non-garantie serait sans effet : il faut que l'espèce d'éviction soufferte soit exceptée par une clause particulière et expresse de l'acte de partage, pour que la responsabilité des copartageants soit dégagée (art. 884, 2°).

Cette différence se comprend : l'acheteur doit être sur ses gardes ; s'il fait une concession au vendeur, il en peut

(1) n° 183.

réclamer le prix en quelque sorte; il peut consentir à courir un risque pour faire un meilleur marché. Les copartageants au contraire pourraient trop légèrement accéder à une clause qui les libérerait les uns envers les autres, où ils s'imagineraient trouver tous leur avantage, qui, devenant de style, finirait par exclure absolument la garantie des partages, et par détruire l'égalité.

§. 2. Éviction partielle.

La clause de non-garantie dispensera le vendeur de payer des dommages-intérêts. Elle ne peut avoir d'autres effets.

§. 3. Éviction d'une charge.

Les parties peuvent étendre ou restreindre l'obligation de droit du vendeur.

I. Clauses qui étendent cette obligation.

Le vendeur peut promettre à l'acheteur la garantie des servitudes apparentes. L'interprétation des clauses ajoutées par les parties, au contrat de vente, appartient aux tribunaux. Tantôt ils décideront que le vendeur, en déclarant livrer le fonds *franc et quitte de toutes charges et servitudes*, s'est constitué garant des servitudes apparentes; tantôt que la garantie expressément promise de ces servitudes ne comprend telle ou telle servitude déterminée. Leur décision dépend des circonstances.

II. Clauses qui restreignent ou détruisent l'obligation du vendeur.

Si les parties sont convenues que le vendeur ne serait pas tenu de la garantie, sans parler spécialement des servitudes, elles n'en sont pas moins comprises dans les termes généraux de la stipulation.

Les parties peuvent prévoir l'éviction des servitudes. Certaines clauses sont regardées par la jurisprudence et par la doctrine comme étant purement de style, et ne diminuant en rien les obligations du vendeur; par exemple, l'immeuble est vendu *tel et en l'état qu'il est, tel qu'il se comporte, ainsi que le vendeur a joui avec ses droits et conditions, ainsi qu'il se comporte avec ses servitudes tant actives que passives*, etc. Il faut interpréter contre le vendeur ces clauses qu'il lui serait trop facile d'obtenir d'un acheteur imprudent. Il faut qu'il résulte clairement de la convention que l'acheteur a entendu prendre à sa charge les servitudes occultes. Cette décision dépend néanmoins des circonstances; il n'est pas possible d'établir en notre matière des règles absolues.

Les clauses de *non garantie des servitudes passives*, de *non garantie des servitudes apparentes ou occultes, s'il en existe*, et autres analogues, dégagent la responsabilité du vendeur. Alors, conçues en termes généraux, elles embrassent tous les cas particuliers qui peuvent se présenter. (Cass. 24 mai 1831.)

Mais lorsque la charge, dont l'acheteur souffre éviction, l'empêche de faire servir la chose à la destination en vue de laquelle il l'avait achetée, elle ne peut plus être considérée comme une servitude comprise dans les clauses générales dont nous venons de parler. Ainsi, une personne achète un terrain pour y faire des constructions et il se trouve grevé d'une servitude de ne pas bâtir; le vendeur est garant. (Bourges, 7 mai 1853.)

En un mot, tout dépend de l'intention des parties, exprimée dans l'acte de vente.

PARTIE II.

Éviction des droits appelés par le Code *Droits incorporels*.

Le Code appelle de ce nom, dans le chapitre VIII du titre de la vente, le transport-cession des créances, et la vente d'une hérédité. Nous allons voir en quoi consiste l'obligation de garantie dans ces deux contrats.

Chapitre I.

Transport des créances.

A défaut de toute convention, le cédant doit la garantie de droit, « ainsi appelée parce qu'il en est tenu de plein droit, sans qu'on en soit convenu, et par la nature même du contrat (1). » Cette garantie peut être restreinte ou étendue par la convention des parties.

Article I.

Garantie de droit.

Le principe de la garantie de droit est posé, et l'étendue en est déterminée dans les deux articles 1693 et 1694.

Art. 1693 : « Celui qui vend une créance ou un autre droit incorporel doit en garantir l'existence au temps du transport, quoiqu'il soit fait sans garantie. »

Art. 1694 : « Il ne répond de la solvabilité du débiteur que lorsqu'il s'y est engagé. »

§. 1. Quand y a t-il lieu à la garantie?

Il faut distinguer le droit lui-même et l'avantage qu'il doit procurer. Quand les parties ne règlent point par une convention spéciale l'étendue de l'obligation du vendeur, on suppose naturellement que l'acheteur consent à courir la chance que peut offrir une créance à recouvrer contre un débiteur peut-être insolvable. Les créances se vendent ordinairement au-dessous de leur valeur nominale; la vente lui en est faite a quelque chose d'aléatoire.

En cas de partage, la garantie porte sur la solvabilité même du débiteur de la créance, de la rente au moment où le partage a lieu. C'est que le copartageant ne spécule pas comme l'acheteur et cherche uniquement à obtenir la part à laquelle il a droit.

(1) Pothier, 550.

Mais l'acquéreur ne saurait être présumé vouloir devenir titulaire d'un droit qui lui sera contesté, enlevé. Il faut
au moins que celui qui le lui cède lui en assure l'existence.
C'est ce que décidaient les Romains : « *Si nomen sit distrac-
tum, Celsus scribit locupletem debitorem non esse præstan-
dum; debitorem autem eum esse debere præstari, nisi aliud
convenit.* » (L. 4, *de Hered. vel act. vend.*)

Il est évident que la créance ne doit pas être confondue
avec le titre qui a été primitivement destiné à en faire la
preuve. Il ne sert de rien d'avoir un titre, quand le droit
n'existe plus. Ainsi le cédant devra garantie quand la
créance sera éteinte par compensation, et même quand le
débiteur pourra opposer la prescription, les exceptions
péremptoires étant assimilées aux modes d'extinction.

Il peut arriver que la créance ne soit pas éteinte, mais
que le paiement en soit suspendu et ne doive pas être fait
au cédant ou au cessionnaire. Je vous cède le prix d'une
vente, mais l'acheteur, poursuivi par mes créanciers hypothécaires, garde le prix pour eux, et refuse de le payer
soit entre mes mains, soit dans celles de mon représentant (art. 1053). Celui-ci aura un recours contre moi.

Tout événement qui, postérieurement au transport, affecte le droit cédé, ne saurait engager la responsabilité du
cédant : « Il est indubitable, dit Loyseau (1), que, comme
le péril de la chose regarde l'acheteur après la vente parfaite, aussi les accidents qui surviennent sur la rente
même sont au dommage du cessionnaire, comme par
exemple, quand, par l'édit fait depuis peu, on a rabattu
le tiers des arrérages sur des rentes. » Par exemple encore
la décision d'un gouvernement qui déclare nulle pour défaut de cause l'obligation contractée envers un vainqueur
est un fait de prince, un cas de force majeure, dont l'acheteur ne saurait faire supporter les conséquences au cédant.

Mais la garantie serait due, si l'évènement survenu depuis la cession avait une cause antérieure; par exemple, si
c'était un jugement qui prononçât la rescision du droit cédé.

_____

(1) De la garantie des rentes, ch. vi, n. 18.

L'acheteur ne peut rien réclamer si c'est par sa faute ou par sa négligence que le droit cédé s'est éteint. Aussi n'a-t-il pas de recours contre son vendeur, s'il laisse s'accomplir la prescription.

2. La garantie peut être due pour une autre cause que l'inexistence du droit lui-même. Ainsi, un recours sera accordé à l'acheteur en cas d'inexistence de certaines conditions qui l'auront déterminé à se porter acquéreur de la créance. Il pourra réclamer si les hypothèques, si les cautionnements sur lesquels il comptait, qui lui ont été promis, ne sont pas, en effet, attachés à cette créance. Le juge appréciera quelle a été l'influence de l'erreur du cessionnaire sur son consentement.

Mais, lors même que le cédant doit garantir l'existence de ces garanties accessoires, il n'est jamais tenu d'en garantir l'efficacité.

Le cédant doit garantir l'existence de la créance jusqu'à concurrence de la somme qu'il a indiquée, ou de l'avantage qui devait en résulter pour le cessionnaire, d'après les conditions dans lesquelles elle se trouvait placée; si ces conditions font défaut, le cessionnaire a l'action en garantie. Par exemple, le cédant avait indiqué un certain nombre de créances comme devant être payées avant la sienne : il s'en présente une nouvelle.

3. Le cédant garantit non-seulement que la créance existe, mais encore qu'elle lui appartient.

4. La garantie n'est point due quand l'existence même de la créance vendue, et non seulement l'avantage qui en doit résulter, est aléatoire. Celui qui cède des actions dans une société anonyme, non encore autorisée, ne garantit pas l'acheteur contre le refus d'autorisation : c'est ce qui a été décidé par un remarquable arrêt de la cour de Lyon (12 juin 1827), contre lequel le pourvoi a été rejeté le 8 février 1831.

5° Le cédant est toujours garant de ses faits personnels. Sont-ils antérieurs à la cession? Le droit n'existait pas ou n'était pas tel que le cessionnaire a cru l'acquérir. Sont-ils postérieurs? Ils constituent une infraction à l'engagement pris par le cédant de maintenir l'acquéreur en possession du droit qu'il lui transmettait.

§. 2. Que peut obtenir le cessionnaire par l'action de garantie ?

Les effets de la garantie doivent être réglés par l'art. 1630. Une seule difficulté s'élève sur l'application du dernier paragraphe de cet article. Je vous vends six mille francs une créance de dix mille francs. Ce n'est pas à moi qu'elle appartient. Pourrez-vous me demander le prix que vous m'avez payé, six mille francs, ou le taux nominal de la créance, dix mille francs ? Pourrez-vous réclamer des dommages-intérêts égaux à la valeur du droit qui vous est enlevé ?

L'opinion générale est que le cessionnaire n'est pas fondé à réclamer le montant de la créance cédée. Le contrat est annulé ; les deux parties sont replacées dans la position où elles se trouvaient avant de l'avoir formé par le concours de leurs volontés. Quand le cédant garantit expressément la solvabilité du cédé, il ne s'engage que jusqu'à concurrence de la somme par lui reçue (art. 1694).

Cette opinion est combattue à la Faculté même de Paris. Il n'y a rien dans le chapitre qui déroge aux principes généraux, dit-on. L'acheteur d'un bien corporel peut se plaindre du préjudice qu'il éprouve par la faute de son vendeur, de là le 4e paragraphe de l'art. 1630. En cas de cession d'une créance, quand un préjudice est causé, il doit être réparé par celui qui en est l'auteur. Si la propriété de la créance avait été transmise à l'acquéreur, il se ferait payer ou il pourrait se faire payer par le cédé. L'art. 1694 est écrit pour une hypothèse tout-à-fait distincte de la nôtre, pour le cas où le cessionnaire, rendu créancier et n'arrivant pas à se faire payer par le débiteur, exerce contre le cédant le recours qu'il a eu soin de se ménager en stipulant la garantie de fait. Le législateur a dû interpréter la convention d'une manière favorable pour le débiteur. Dans notre espèce, le débiteur avait consenti à courir une chance, celle de la solvabilité ; mais il avait prétendu devenir propriétaire de la créance.

Il faudrait apporter à ce système une restriction. L'acquéreur de la créance n'aurait le droit d'en réclamer le montant que s'il avait pu le recouvrer, au cas où le droit lui

aurait été conféré : autrement, l'inexistence de ce droit ne
lui cause pas un préjudice supérieur au prix qu'il a payé.
Quand le prétendu débiteur est un homme notoirement insolvable, comment le cessionnaire viendrait-il dire qu'il
eût touché dix mille francs, s'il eût été rendu son créancier ?

Mais cette restriction condamne le système. S'il est nécessaire de faire la preuve de la solvabilité du prétendu
débiteur, comment y arrivera-t-on ? De quel droit discu-
tera-t-on sa fortune ? On ne pourra ordinairement décider
que par conjecture, c'est-à-dire d'une manière aussi désa-
gréable, pour ce prétendu débiteur, que dangereuse pour
le cédant et le cessionnaire. Le législateur n'a pu adopter
un tel système.

Quand le droit cédé n'existe que pour partie, le cessionnaire peut demander la résiliation du contrat, si la partie
qui lui est enlevée est de telle conséquence qu'il n'eût point
acheté sans cette partie (art. 1636). Si la cession est main-
tenue, il a droit à une part proportionnelle du prix, les
raisons qui ont fait établir une règle différente pour l'éviction partielle du droit de propriété ne se présentant pas ici.

Article II.
Des clauses qui modifient la garantie.

§. 1. Clauses qui diminuent ou excluent la garantie.

Il n'est pas dû de garantie, le cessionnaire n'est même
pas admis à demander la restitution du prix, lorsque le
contrat exprime que le droit est litigieux ou que le cédant
déclare acheter à ses risques et périls , la vente devenant
aléatoire. Il en est de même en cas de stipulation de non-
garantie, quand le danger est connu de l'acquéreur. (Cassation, 16 juil. 1828.) Il a même été décidé que la garantie
serait exclue, si les magistrats reconnaissaient en fait que
l'acquéreur « ne pouvait ignorer quelles étaient les chances
qu'il avait à courir, et qu'il a pu et dû calculer les risques
de l'opération à laquelle il se livrait volontairement, ce qui
détruit toute idée de garantie, eût-elle même été stipulée. »
(Cass. 25 fév. 1835.)

D'un autre côté, la clause de non-garantie seule ne suffirait pas pour libérer le vendeur. Les mots de l'art. 1693 : « quoiqu'il (le transport) soit fait sans garantie » signifient que le vendeur reste, malgré cette clause, obligé d'assurer à l'acquéreur l'existence du droit cédé. Elle ne servirait qu'à exclure formellement la garantie de la solvabilité du débiteur cédé. M. Duvergier pense qu'elle pourrait avoir aussi pour effet de dispenser le vendeur de l'obligation de payer des dommages-intérêts. Autrement ne serait-elle pas inutile? Mais il arrive souvent aux parties d'insérer dans les contrats des clauses que les dispositions déjà prises par la loi rendent superflues ; du reste, c'est aux tribunaux à interpréter leur volonté.

On considère la clause : « sans restitution de deniers, » comme équivalente à la clause « sans garantie. »

Une clause par laquelle un cédant avait déclaré garantir seulement ses faits et promesses a été regardée comme excluant la garantie pour le cas où un privilége n'était pas attaché à la créance. (Cass. 10 juil. 1839.)

Mais le cédant ne peut jamais exclure la garantie de ses faits personnels (V. ce qui a été dit sur l'art 1628).

§. 2. Clauses qui étendent l'obligation de garantie.

I. Quelles sont ces clauses?

On appelle *garantie de fait* celle dont « le vendeur n'est pas tenu de plein droit et par la seule nature de contrat, mais seulement lorsque, *de fait*, et par une clause particulière du contrat, il s'y est obligé (1). »

On distingue trois espèces de garantie de fait, *la garantie de fait proprement dite*, la clause de *fournir et faire valoir*, la clause de faire valoir *après simple commandement*. Les parties peuvent s'en imposer d'autres, nous examinons celles qui sont le plus souvent employées.

I. Quelles sont ces clauses? 1° *Garantie de fait*. Elle consiste à garantir la solvabilité du débiteur cédé au moment du transport. L'obligation résulte incontestablement de la

(1) Pothier, 559.

clause *de garantie de fait*, *de garantie de tous troubles ou empêchements quelconques*, quoiqu'on ait, dans l'ancien droit, contesté cet effet à la dernière de ces deux clauses. La plupart des auteurs pensent qu'il faut la faire également résulter d'une simple stipulation de garantie.

Le vendeur qui a promis la garantie de fait ne s'engage pas à assurer le cessionnaire contre la solvabilité future du cédé.

2° *Clause de fournir et faire valoir*. L'effet de cette clause donna lieu, dans l'ancien droit, à une vive controverse. Les uns voulaient que la garantie de fait, expressément stipulée par les parties, n'eût d'autres conséquences que la garantie de droit, implicitement contenue dans la vente, et que la promesse *de fournir et faire valoir* obligeât simplement le cédant à garantir la solvabilité actuelle du cédé : les autres qu'elle l'astreignît à payer, si le débiteur ne payait pas, après un certain délai, et sans que les biens de celui-ci dussent être discutés. Entre ces deux opinions extrêmes se trouvait celle qui pensait que le vendeur, en promettant de fournir et faire valoir, s'engageait à garantir la solvabilité future du débiteur, et à payer, mais après la discussion de celui-ci. Loyseau fit triompher cette opinion en publiant son traité de la garantie des rentes; c'est celle qui a été adoptée par Pothier et que l'on enseigne généralement sous le Code. On la justifie en disant que le vendeur promet de *fournir* ce qui manquera à l'exécution de l'obligation, et de *faire valoir*, c'est-à-dire de procurer au cessionnaire la valeur de la chose cédée (1).

La promesse de *payer à défaut du débiteur* avait été assimilée à celle de *fournir et faire valoir* par un arrêt en robes rouges du 9 avril 1602.

Pour que ces clauses produisent leur effet, il faut que l'insolvabilité du cédé et l'impossibilité de recouvrer la créance ne proviennent pas du fait du cessionnaire. Il sera débouté de sa demande, quand il aura donné mainlevée des hypothèques, déchargé les cautions, etc. : « Il n'est

(1) M. Duvergier, t. 273.

pas recevable à se plaindre de ce que la rente a cessé d'être bonne, puisque c'est par son fait qu'elle a cessé de l'être (1). »

La négligence du cessionnaire aura-t-elle les mêmes conséquences que son fait? Il a laissé prescrire ou purger les hypothèques; a-t-il perdu son recours?

La question était vivement controversée dans l'ancien droit. On alléguait dans l'intérêt du cessionnaire que le cédant, en promettant de fournir et faire valoir, s'était obligé à veiller lui-même à la conservation des droits hypothécaires qui garantissaient le paiement de la créance cédée. Loyseau répondait que le cessionnaire, une fois en possession de la créance, doit prendre tous les soins d'un bon père de famille, qu'il est forcé de discuter tous les biens, même les biens hypothéqués du débiteur, avant de recourir contre le cédant, et qu'à plus forte raison doit-il faire tout ce qu'il faut pour conserver les hypothèques constituées à son profit sur ces biens, que le cédant a promis de fournir et faire valoir, parce qu'il connaissait l'existence des hypothèques et supposait qu'elles assuraient le paiement de la créance.

La majorité des anciens auteurs s'était rangée à l'avis de Loyseau, et, de nos jours, il a été adopté par presque toute la doctrine, consacré par toute la jurisprudence. M. Toullier, seul, l'a combattu (2); il s'est fondé sur un passage du *Traité des obligations* de Pothier. Ce jurisconsulte (3) dit que les débiteurs solidaires ne peuvent opposer l'exception *cedendarum actionum* au créancier qui a laissé perdre ses actions par sa négligence, et comme l'article 2137 du Code porte que « la caution est déchargée lorsque la subrogation aux droits, hypothèques et privilèges du créancier ne peut plus, par *le fait* de ce créancier, s'opérer en faveur de la caution, » M. Toullier pense que le Code a suivi la doctrine de Pothier, et il en conclut que

(1) Pothier, 565.
(2) T. VII, n. 272.
(3) N. 557.

dans notre espèce la négligence du cessionnaire ne l'empêche point d'agir contre le cédant.

D'abord, si un ouvrage de Pothier doit faire autorité en nôtre matière, n'est-ce pas son traité sur le *contrat de vente?* Or, il y déclare expressément (1) qu'il adopte l'opinion de Loyseau. Ensuite, le sens des mots *fait, négligence,* est-il déterminé dans le Code d'une manière bien précise? Le mot *négligence* peut s'appliquer à des faits dans les articles 1031, 2080, comme le mot *fait* peut comprendre la négligence dans l'article 2037. Les raisons que donne Pothier au *Traité des obligations* ne sont pas pour entrer en balance avec celles que nous invoquons; il dit que c'est par pure équité que le créancier cède à l'un de ses débiteurs solidaires ses droits et actions. Mais aujourd'hui la subrogation n'est-elle pas forcée (article 1251)? Veiller sur la conservation des hypothèques est une faculté pour la caution et les débiteurs, un devoir pour le créancier. Ce créancier est obligé de discuter le débiteur avant de s'adresser à la caution; il a un rôle actif; elle n'a qu'un rôle passif. Pothier, au *Traité des obligations*, étudiait des textes romains où les débiteurs solidaires et les cautions étaient mis sur la même ligne, parce que ces textes étaient antérieurs à l'époque où les cautions obtinrent le bénéfice de discussion. Dans le *Traité de la vente*, il vit que la clause de *fournir et faire valoir* n'obligeait le cédant à payer qu'après discussion du débiteur, et décida que le cessionnaire serait responsable envers le cédant de sa négligence (2).

En général, si le cessionnaire a, par sa faute, manqué à se faire payer la créance, s'il a trop longtemps attendu pour réclamer le paiement, il ne sera plus recevable à recourir contre son cédant. Il ne peut à son gré accorder des délais dont celui-ci ait à souffrir. En ce sens, « quoique la clause de *fournir et faire valoir* emporte ordinairement garantie de la *solvabilité future*, elle ne doit s'entendre que de la *solvabilité présente*, quand la créance cédée est ext-

(1) N. 585.
(2) M. Troplong, 941. — M. Duvergier, t. II, 277.

gible (1). » Supposons même que la créance cédée ne soit
point encore exigible ; la promesse de *fournir et faire
valoir* ne garantit la solvabilité future du cédé que pour le
moment de l'échéance, et non pour une époque postérieure.
Il n'y a pas de raison pour distinguer si l'échéance est voi-
sine ou éloignée du temps de la cession.

Si tel est l'effet de la clause de *fournir et faire valoir* sur
une créance non exigible, on ne peut admettre que la simple garantie de fait oblige le cédant à garantir la solvabilité
du débiteur à l'échéance du terme ou à l'échéance de la
condition. Elle se confondrait alors avec la première clause ;
et la stipulation ne comprend le temps à venir que si le
cédant l'a expressément signalé (art. 1695). Quand le cessionnaire voudra que le cédant lui garantisse la solvabilité
du débiteur au moment où l'obligation deviendra exigible,
il faudra qu'il lui demande une promesse de *fournir et faire
valoir*.

3° *Clause de fournir et faire valoir après simple commandement.* Le cédant devient l'obligé direct et principal
du cessionnaire. Celui-ci n'est plus forcé de discuter le cédé
avant de recourir contre son garant, et il n'est plus responsable envers lui de la conservation de la créance ou des
droits qui en garantissaient le paiement. Il suffit que le débiteur n'ait pas payé sur le commandement pour que l'action en recours soit ouverte.

II. Effets de la garantie conventionnelle.

L'art. 1694 décide que, lorsque le cédant a garanti la
solvabilité actuelle du débiteur, il en répond « jusqu'à
concurrence seulement du prix qu'il a retiré de la créance. »
La même décision doit être étendue à la clause de fournir
et faire valoir qui rend le cédant responsable pour un
temps plus long, mais non pour une somme plus forte.
On a voulu assimiler cette clause à un cautionnement ;
mais la garantie de fait n'a-t-elle pas le même caractère ?
ne peut-elle pas être assimilée à un cautionnement restreint
à la solvabilité actuelle ?

(1) M. Duvergier, 279.

12

« Au contraire, la clause de *fournir et faire valoir après
simple commandement* oblige directement et principalement
le créancier cédant à payer le montant de l'obligation au
cessionnaire : *elle induit*, pour nous servir des termes de
Bourjon, *vraie dette de la part du cédant*.

Dans le cas où le cédant doit seulement la restitution du
prix qu'il a reçu, le cessionnaire, obtenant un paiement
partiel, ne peut agir pour lui que pour une part du prix
proportionnelle à la part de la créance qui lui fait défaut.
Il a acheté six mille francs une créance de dix mille francs ;
il touche cinq mille francs ; il pourra réclamer trois mille
francs au cédant.

Quand le cédant a promis la garantie de fait ou s'est seulement engagé à fournir et faire valoir, le cessionnaire ne
peut prendre la voie exécutoire contre lui ; il faut qu'il
agisse devant les tribunaux et qu'il leur prouve qu'il a discuté les biens du cédé et fait les diligences nécessaires.
Quand cette preuve n'est pas nécessaire, quand le cédant
a promis de payer après simple commandement, l'exécution peut être poursuivie par toute voie de droit, si le titre
est revêtu de la formule exécutoire. Seulement il faudra que
l'huissier présente au cédant l'exploit de commandement
adressé au débiteur et contenant son refus.

— Indépendamment des dispositions de la loi et des conventions des parties, les tribunaux doivent apprécier les
circonstances de la vente pour déterminer en quoi consiste
la garantie et quelle en est l'étendue. Par exemple, « l'a-
cheteur de marchandises ne peut, en cédant son marché,
se dégager de tout lien et laisser son cessionnaire exposé
aux refus que ferait le vendeur de livrer ces marchandises
par la raison que les valeurs qu'il avait compté recevoir
en échange ne lui seraient pas fournies. Il faut que le
cédant intervienne, afin de procurer au cessionnaire l'accomplissement du marché qu'il lui a cédé (1). »

---

(1) M. Duvergier, 285.

Chapitre II.

Vente d'une hérédité.

La règle est posée par l'article 1696 : « Celui qui vend une hérédité sans en spécifier en détail les objets, n'est tenu de garantir que sa qualité d'héritier. »

Une hérédité, c'est une universalité. Celui qui l'acquiert et celui qui la vend n'ont pas en vue tel ou tel objet déterminé, mais l'ensemble des droits qui appartenaient au défunt, et des charges dont il était grevé. Le vendeur n'a donc pas l'intention de garantir tel ou tel objet, tel ou tel droit contre telle ou telle charge. Il transmet sa qualité d'héritier, avec tous les effets, bons ou mauvais, qui y sont attachés; c'est une chance que court l'acquéreur : il peut trouver un grand profit dans ce marché, comme il y peut trouver son désavantage. La seule chose qu'il veuille et qu'il doive être assuré d'avoir et de conserver, c'est cette qualité même d'héritier, qui lui permet de courir la chance à laquelle il s'expose.

L'art. 1696 semble littéralement traduit de la loi 1 au Code, *de Evictionibus*. Cette loi commence par décider que c'est l'acheteur qui doit poursuivre à ses frais, comme à ses risques et périls, les choses héréditaires détenues par des tiers. Puis elle s'exprime ainsi : « *Evictio quoque non præstatur in singulis rebus, cum hereditatem jure venisse constet, nisi aliud nominatim inter contrahentes convenit.* » Ce qui fait l'objet de la vente, c'est l'hérédité; ce ne sont pas les choses dont elle se compose. Mais si l'on admettait que les parties ont eu en vue ces choses déterminées, non le droit héréditaire, il faudrait accorder à l'acheteur l'action de garantie. Donneau croit démontrer le contraire par ce dilemne: ou les choses n'appartiennent pas à l'hérédité, et alors elles n'ont pas été vendues, ou elles en font partie, et l'éviction a pour cause l'injustice du juge. Dans l'un comme dans l'autre cas, la garantie n'est pas due. Il est facile de répondre à cet argument : les choses n'appartiennent pas à l'hérédité, il est vrai, mais elles sont vendues comme lui appartenant, et par conséquent l'acheteur qui en est évincé a droit à la garantie. Autrement il faudrait, pour lui ouvrir un secours, quand le vendeur le lui promet, que chaque objet eût été dénommé dans la convention; or, il suffit, de l'aveu de tout le monde et même de Donneau, que le vendeur se soit engagé en général à garantir l'acheteur contre l'éviction des objets qui sont regardés comme appartenant à l'hérédité.

§. 1. Garantie de droit.

Celui qui vend une hérédité garantit-il : 1° qu'elle est ouverte; 2° qu'il est apte à la recueillir, et qu'il n'en est point privé par un testament, quand il se présente comme héritier *ab intestat;* — qu'il est institué par un testament valable, quand il se présente comme légataire.

Le vendeur est, comme toujours, tenu de ses faits personnels. Il serait responsable de la cession antérieure qu'il aurait faite de la même hérédité.

§. 2. Clauses qui modifient la garantie de droit.

I. Clauses qui l'étendent. — Si le vendeur spécifie les objets dont se compose l'hérédité, il doit les garantir tous : s'il déclare la consistance de la succession, il est responsable, non plus de chaque objet déterminément, mais de la valeur de l'ensemble.

II. Clauses qui la restreignent. — Si les parties ont clairement indiqué qu'elles entendaient traiter sur la chance qu'avait le vendeur, non pas de retirer tel ou tel profit de l'hérédité, mais de succéder, de recueillir le droit héréditaire lui-même, il n'y a aucune garantie; la vente est purement aléatoire. Il en serait de même si l'intention que les parties auraient eue de faire un contrat aléatoire résultait implicitement des termes de l'acte ou des circonstances, sans faire l'objet d'une disposition expresse.

Mais si le vendeur, au moment du contrat, avait su que sa prétention ne reposait sur aucun fondement, il serait responsable de son dol et devrait garantie à l'acheteur.

— Par l'action en garantie, l'acheteur d'une hérédité obtiendra tout ce que pourrait obtenir l'acquéreur d'un objet
déterminé, la restitution du prix et les dommages-intérêts.

La loi 8 ff. *de Hered. vel act. vendita*, faisait une distinction importante ; elle astreignait le vendeur à payer l'estimation de l'hérédité, quand celle-ci appartenait à autrui,
et seulement à restituer le prix quand l'hérédité n'était pas
encore ouverte.

Cette distinction est reproduite par Pothier et enseignée
par un certain nombre d'auteurs modernes. Sur quoi se
fondait-elle ? Sur ce que la vente d'une hérédité non ouverte, étant nulle, ne pouvait obliger le vendeur qu'à la
restitution du prix, tandis que la vente d'une hérédité appartenant à autrui, étant valable, obligeait le vendeur à
payer, s'il y avait lieu, des dommages-intérêts. Aujour-
d'hui, l'une et l'autre vente est également nulle ; le Code
admet que le vendeur est obligé à payer des dommages-
intérêts, même quand la vente est nulle. Si la valeur de
la succession descend au-dessous du prix de vente, ce
prix n'en sera pas moins restitué. La doctrine du Code est
donc plus avantageuse pour l'acquéreur que la décision la
plus favorable de la loi 8 *de Hered. vel act.*

La clause de *non-garantie* exclura les dommages-intérêts.
On ne pourrait aller plus loin et penser que le vendeur est
affranchi même de l'obligation de restituer le prix. Ce serait
l'assimiler à une déclaration que la vente est aléatoire. Or,
on ne doit pas facilement supposer qu'elle ait ce caractère. La vente d'une hérédité, comme le transport des
créances, doit obliger toujours le vendeur à rendre le prix
qu'il a perçu, nonobstant la clause de non-garantie.

POSITIONS.

DROIT ROMAIN.

I. Il faut lire ; *id est*, et non : *idem est* dans la loi 20, ff. *de actionibus empti*.

II. Il n'y a pas d'antinomie entre les lois 21 , §. 1 , ff. *de actionibus empti* et 9 du même titre au Code.

III. Les promesses que l'acheteur peut exiger par l'action *ex empto* doivent-elles être accompagnés d'une *satisdatio*? Non, excepté dans le cas où le prix n'étant pas encore payé, un procès est soulevé contre l'acheteur sur la propriété de la chose vendue et livrée.

IV. L'acheteur par l'action *ex empto*, ne peut jamais obtenir qu'une condamnation pécuniaire.

V. Quand le vendeur est en demeure, l'acheteur obtient la valeur de la chose, soit au temps du contrat, soit au temps de la *litiscontestatio*, soit au temps de la sentence.

VI. On ne peut concilier la décision donnée par Papinien dans la première phrase du *principium* de la loi 64, ff. *de Evictionibus* avec celle qu'il donne dans la seconde phrase du même *principium*.

VII. L'exception de dol, opposée par un défendeur pour arriver à la compensation, a pour effet, non de faire renvoyer le demandeur pour plein pétition, mais de donner au juge le pouvoir de compenser les créances que les parties ont l'une contre l'autre.

VIII. Il faut distinguer les obligations corréales et les simples obligations *in solidum*.

IX. Toute personne qui se trouve *in causa usucapiendi* peut invoquer la Publicienne.

X. En principe, lorsque la femme délègue son débiteur *dotis causa* à son mari, les risques de l'insolvabilité du débiteur sont pour la femme.

DROIT FRANÇAIS.

DROIT CIVIL.

I. L'action et l'exception de garantie sont divisibles, quand l'objet de la vente est divisible.

II. L'adjudicataire évincé a un recours en garantie contre le saisi, la *condictio indebiti* contre les créanciers qui ont touché le prix de la vente, une action en dommages-intérêts, fondée sur l'article 1382, contre le saisissant quand il est en faute.

III. Le sous-acquéreur à titre onéreux peut agir directement contre le premier vendeur, et lui demander ce qu'il aurait le droit d'exiger du second vendeur.

IV. L'art. 1637 s'applique également à l'éviction d'une part divise et à celle d'une part indivise.

V. Le légataire universel n'est pas tenu des dettes de la succession *ultra vires emolumenti*.

VI. Les mots *erreur sur la personne*, employés par le législateur dans l'art. 180, ne doivent pas s'entendre seulement de l'erreur sur la personne physique ou sur la personne civile.

VII. L'engagement pris par un homme, dans une lettre missive, de subvenir aux besoins de l'enfant naturel d'une femme, quand lui-même n'a pas reconnu cet enfant, est nul.

VIII. On peut léguer des biens à un mineur, sous la condition que son père n'en aura pas l'administration légale.

IX. La promesse de rémunération, faite par une personne à un tiers pour le cas où, à la suite des démarches et de l'entremise de celui-ci, elle contracterait mariage avec une personne désignée, est valable.

X. L'article 1141 contient une application de l'article 2279.

XI. Pour arriver à la prescription, une personne peut joindre à sa possession celle de toute personne à laquelle elle a succédé comme héritière, ou qui était obligée par un titre à lui transmettre la chose.

XII. Les créanciers du défunt, qui ont rempli les formalités prescrites par l'article 2111, ne priment pas les créanciers du défunt qui ne les ont pas remplies.

XIII. La personne interdite judiciairement ne peut se marier.

XIV. La possession d'Etat ne suffit point pour prouver la filiation naturelle.

DROIT PÉNAL.

I. La résistance à un acte illégal constitue la rébellion prévue et punie par l'art. 209 du Code Pénal.

II. L'aggravation de peine portée par l'art. 333 du Code Pénal ne doit pas être appliquée au prêtre suspendu *à sacris*.

DROIT ADMINISTRATIF.

I. Les grandes forêts sont prescriptibles depuis la loi du 27 mars 1817.

II. La propriété des cours d'eau qui ne sont ni navigables ni flottables appartient aux riverains.

HISTOIRE DU DROIT.

I. La communauté légale a une origine germanique.

II. Le droit de justice était attaché à la possession d'une terre qui n'était pas nécessairement un fief. Il dérivait des chartes d'immunité concédées par le Roi.

DROIT DES GENS.

I. L'étranger a en France tous les droits qui ne lui sont pas expressément refusés par les lois.

II. Les jugements rendus par des tribunaux étrangers ne doivent être soumis aux tribunaux français que pour être déclarés exécutoires.

Vu par le président de la thèse :
FRÉDÉRIC DURANTON.

Vu par le doyen de la Faculté de Droit,
C.-A. PELLAT.

Permis d'imprimer.
Le vice-Recteur,
ARTAUD.

Beauvais. — Imprimerie d'Ach. DESJARDINS.